URBAN
ELEMENT
DESIGN

URBAN ELEMENT DESIGN

Photographer: Hiroshi Tsujita

Publisher:AZUR Corporation

Distributed by:
AZUR Corporation (Worldwide except China)
5F Aikusu Building, 1-44-8, Jimbo-Cho, Kanda Chiyoda-ku, Tokyo 101-0051 Japan
Tel: 0081-3-3292-7601
Fax: 0081-3-3292-7602
E-mail: azur@galaxy.ocn.ne.jp
http://www.azurbook.co.jp

Beijing Designer Books Co., Ltd. (China)
Building No. 2, Desheng Office Building, No. 3, Babukou, Gulouxi Road, Xicheng District, Beijing, P. R. China
Tel:0086-10-6406-7653 (Beijing)
0086-21-5596-7639 (Shanghai)
0086-25-5807-5096 (Nanjing)
0086-755-8825-0425 (Shenzhen)
0086-28-8660-1680 (Chengdu)
0086-22-2341-1250 (Tianjin)
0086-571-8884-8576 (Hangzhou)
0086-20-8756-5010 (Guangzhou)
0086-27-5920-8457 (Wuhan)

Fax:0086-10-6406-0931
E-mail:info@designerbooks.net
Http://www.designerbooks.net

Printed in China

ISBN: 4-903233-20-0

Contents

Public Sign

Street Furniture

URBAN ELEMENT DESIGN

Public Sign

Public Sign is a general term of media signs, maps and instruction guidance board which provide the information of geography of a town, a direction and a location of public facilities. Introducing these public signs in street corners, roads and institutions according to the category.

例幣使街道
Reiheishi-kaido
旧中山道
Kyu Nakasendo

4
日光街道
Nikko kaido
464

4
首都高速
新宿入口
700m
銀座
Ginza
羽田
Haneda
405
方南町
甲州街道

旧甲州街道
Kyukoshu-kaido

20
日本橋から
from Nihonbashi
34
Km

1
晴海通り
Harumi-dori
1
桜田通り
Sakurada-dori
内堀通り
Uchibori-dori
20

江戸通り
Edo dori
6

17
17
405
外堀通り
Sotobori-dori
405
外堀通り
Sotobori-dori

17
17
405
外堀通り
Sotobori-dori
405
外堀通り
Sotobori-dori

消火栓
天現寺橋
Tengenjibashi
西麻布
三宅坂
246
渋谷
246

釧路駅
38
Kushiro Sta.
根室
44
Nemuro
入舟町
Irifune Town
南大通り
Minamiodori

焼《やき》米《ごめ》坂《ざか》
Yakigomezaka Hill
さいたま市

江戸橋
Edobashi
日本橋
Nihonbashi
14
浅草橋
Asakusabashi
両国橋
Ryogokubashi
この先両国橋西交差点
この先両国橋西交差点
この先両国橋西交差点
自然を、おいしく、楽しく。

東北道
TOHOKU EXPWY
北池袋
Kitaikebukuro
トンネル用信号
銀座
Ginza
C1
5 6
箱崎
Hakozaki
9 7
C1
羽田
Haneda
3 2
目黒
1 11
Meguro
レインボーブリッジ
Rainbow Bridge
上野
Ueno
湾岸線
BAYSHORE-ROUTE
霞が関
Kasumigaseki

麹町
Kojimachi
200m
日本橋
Nihonbashi
246
霞ケ関
Kasumigaseki
200m

慈光会病院
旧中山道
Kyu Nakasendo
歩行者用道路

岩鼻
Iwahana
国道17号
Route 17
121
前橋
Maebashi
133
慈光会病院

新橋
Shinbashi
日比谷
Hibiya
六本木
Roppongi
六本木通り
350m

国道
1
ROUTE

高崎駅西口
Takasaki Sta. W. Ent.
1Km
観音山公園
Kannon-yama Park
3Km
熊谷 本庄
Kumagaya Honjo
高崎市街
Central Takasaki
17
吉井
Yoshii
25
71

渋川 前橋
Shibukawa Maebashi
吉井
Yoshii
17
高崎市街
Central Takasaki
76
76
600m
17
ROUTE
高崎市
宮元町

一級河川
碓氷川《うすい》
群馬県
鷹之巣橋
Takanosu Bridge

安中市板鼻公民館
皇女和宮宿泊所

1
永代通り
Eitai dori
405
外堀通り
Sotobori dori

県道
121
群馬
(一)和田多中倉賀野線
高崎市 倉賀野町

花見小路
Hanamikoji

安中駅
Annaka Sta.
松井田
Matsuida
国道18号
ROUTE 18
171
中宿

小諸
Komoro
軽井沢
Karuizawa
松井田市街
Central Matsuida
18
33
300m

広河原
Hirogawara
京都
Kyoto
38
162
美山町自然文化村
Miyama Town Nature Cultural Vill. 8Km

京都
Kyoto
美山町自然文化村
Miyama Town Nature Culture Village

大津
Otsu
河原町五条
Kawaramachigojo
大原
Ohara
1
京都駅
Kyoto Sta.
367
烏丸通り
24

横須賀駅
Yokosuka Sta.
横浜横須賀道路
YOKOHAMA YOKOSUKA ROAD
25
本町山中有料道路
HONCHO YAMANAKA TOLL ROAD

大 阪
Osaka
堀川五条
Horikawagojo
九条河原町
Kujokawaramachi
1
下 鴨
Shimogamo
32
河原町通り
32

三 崎
Misaki
久里浜
Kurihama
観音崎
Kannonzaki
134
16
300m

国道17号
Route 17
178
新町駅
Shinmachi Sta.
179

海上自衛隊
Japan Maritime Self-Defense Force

よこすか海岸通り
Yokosukakaigan – dori

お好み焼
鴨ん家
かもんち
450m
046-872-1445
http://tadp.jp
ここは
5
新 宿
4－13

鎌倉駅
江ノ島方面
Kamakura Station
Enoshima direction
Beauty Salon
Seaside Wedding
Riviera
RIVIERA RESORT
ZUSHI MARINA

歴史街道
桜井
山の辺の道
REKISHIKAIDO
SAKURAI
大和・山の辺探訪物語
山の辺
桜井市

Teramachi dori
寺町通《てらまちどおり》
寺町通
테라마치도오리
Teramachi dori
This street was known as Higashikyogokuoji during the Heian era. Because of the major reconstruction of Kyoto, which was carried out from about 1590 by Hideyoshi Toyotomi, the scattered temples in the city were forced to move to the east side of the street. Therefore, this street was named Teramachi (temple town) dori.

岩手県
IWATE PREF
岩手県
県境

与瀬宿
小原宿
旧甲州街道

山の辺の道
山の辺の道
美化促進協議会
25周年記念
忍 阪
Ossaka
金屋の石仏
Kanayano Sekibutsu

地下鉄東西線 約 1K
醍 醐 駅 徒歩10分
霊宝館・駐車場
醐山料理
雨月茶屋
醍醐寺三宝院

神奈川歯科大学附属病院
Kanagawa Dental College Hospital
JR横須賀駅
JR Yokosuka Station
ヴェルニー公園
Verny Park
聖ヨゼフ病院
St. Joseph's Hospital
三笠公園・猿島渡船所
Mikasa Park, Pier for Sarushima Island Ferry
横須賀市総合福祉会館
Yokosuka General Welfare Hall
ベイスクエアよこすか
Bay Square Yokosuka

丸の内仲通り
MARUNOUCHI-NAKA-DORI

丸の内仲通り
MARUNOUCHI-NAKA-DORI

日本橋
2丁目
NIHONBASHI

東
East
北
西
West
ふじだな公園

歩行者用道路

左急カーブ
左急カ
原付
40

自転車を除く
一方通行

KEN

12 - 13

自転車を除く
一方通行
止まれ
30
9-19
P 60分
日曜・休日を除く
1月1日~3日を除く
自転車を除く
一方通行

MANDARIN
RESTAURANT HU TONG MANDARIN CLASSIC MODERN

歩行者優先
土・日曜、休日を除く
12 - 13

指定車
管理車両
を除く
ちゅうい

50
M

飛び出し注意！

消火栓
HOTEL
優先
バス
7－9
料亭
小松

歩行者優先

みぎをみて
ひだりをみて
とまれ

鵠沼海岸
5.7Km
柳　島
2.5Km
茅ケ崎市東海岸

50

50

通学路

とまれ

とまれ

止まれ

弁財天公園
0.5
km

藤岡市内
4.5Km
柳瀬橋
烏川
群馬の森
1Km

20t
超
市バス

止まれ
自転車を除く
21－4
土曜、日曜は
9-17・21-4
菊梅
お願い
この付近に自転車や

http://www.shiodome.st
66 shops
41の飲食店と
10のショップと
15のサービス施設
Shiodome
City Center

日本テレビタワー・汐留タワー
Nippon Television Tower・Shiodome Tower
銀座・浜松町方面
for Ginza・Hamamatsucho
新交通ゆりかもめ汐留駅
都営大江戸線汐留駅
3 4 5 6 7 8 9 10
HARMA
ゼファーマ

銀座・浜松町方面
for Ginza・Hamamatsucho
新交通ゆりかもめ汐留駅
都営大江戸線汐留駅
3 4 5 6 7 8 9 10
新橋方面
for Shinbashi
新交通ゆりかもめ新橋駅
汐留タワー・日本テレビタワー

羽田空港
成田空港
都営
浅草線
新橋駅
汐留
(シオサイト)方面
JR
新橋駅方面

汐留
(シオサイト)方面
JR

新橋方面
ウインズ汐留へは
SHISEIDO

西新宿案内
NISHI-SHINJUKU AREA
東京三菱銀行

西新宿案内

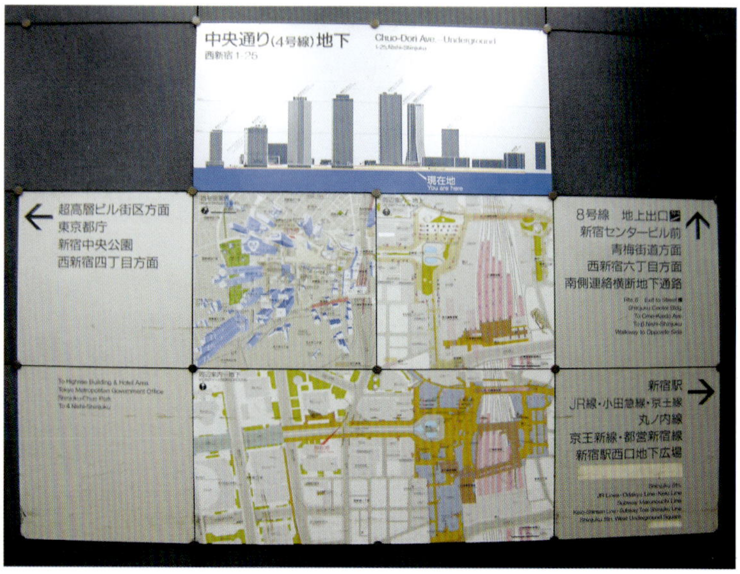
中央通り(4号線)地下
Chuo-Dori Ave. - Underground
西新宿1-25
現在地
You are here
超高層ビル街区方面
東京都庁
新宿中央公園
西新宿四丁目方面
8号線　地上出口
新宿センタービル前
青梅街道方面
西新宿六丁目方面
南側連絡横断地下通路
新宿駅
JR線・小田急線・京王線
丸ノ内線
京王新線・都営新宿線
新宿駅西口地下広場

ヴェルニー記念館
Verny Commemorative Museum
Maison commémorative de Verny
トイレ
Rest Room
Toilettes
さくらの広場-1
Sakura Square -1
Place de Sakura -1

江戸文化の箱根寄木細工展示
本間寄木美術館
徒歩8分
神奈川県立
生命の星・地球博物館
徒歩3分
神奈川県
温泉地学研究所
徒歩5分
自然を楽しむ みち →
生命の星・地球博物館

索引
色 記号
主な施設
方向
E-4
東京しごとセンター
Tokyo Employment Service Center
700m
D-3
東京大神宮
Tokyo dai-jingu Shrine
350m
D-4
富士見出張所
Fujimi City Branch Office
300m
D-3
富士見福祉会館・児童館
Fujimi Welfaer Center. Children's Center
180m
D-3
日本歯科大附属病院
Nihon Dental Hospital
100m
D-5
九段高校
Kudan High School
530m
D-5
富士見小学校
Fujimi Elementary School
400m
C-4
東京警察病院
Tokyo Police Hospital
80m
D-4
日本歯科大学
Nihon Dentist College
330m
B-3
東京理科大学
Science University of Tokyo
300m
B-4
東京逓信病院
Tokyo Teishin Hospital
320m
B-5
法政大学
Hosei University
550m
B-5
靖国神社
Yasukuni-jinja Shrine
700m
一時集合場所
天災・火災等避難が必要な時の集合場所です。
公衆トイレ
警察署・交番
郵便局・特定郵便局
神社・寺院
消防署・出張所
病院
学校
千代田区案内板設置場所
千代田区案内図
CHIYODA-KU MAP
JR・地下鉄案内図
JR・SUBWAY INFORMATION

住居表示街区案内図
千代田区
文京区
東京都新宿区
Shinjyuku City
23・1 平成12年3月

横濱中華街
延平門

城ヶ島エリア
D
E
F
1
2
3
4
相模湾
三崎港
0
800m
NAVITA
総合販売
うらり
サービス
宿泊
飲食
医療
今村歯科医院
鈴木歯科クリニック
みさき薬局
このナビタの情報は、iモードで見れます。
ナビタホームページも公開中
iモードURL http://www.navita.co.jp/i/
HP URL http://www.navita.co.jp/

霞が関中央官庁案内
GOVERNMENT BUILDINGS GUIDE
Harumi-dori

小田原の文化財　入生田・風祭周辺
長興山の枝垂桜 (市指定天然記念物)　徒歩約 16分
稲葉一族の墓所 (市指定史跡)　徒歩約 15分
鉄牛和尚の寿塔 (市指定史跡)　徒歩約 18分
荻窪用水　徒歩約12分
早川のビランジュ (国指定天然記念物)　徒歩約 30分
国指定史跡石垣山　一夜城歴史公園　徒歩約 50分
山縣水道水源地　徒歩約 30分
風祭の道祖神・一里塚跡　徒歩約 15分
宝泉寺　徒歩約 13分
松平信康の供養塔 (風松院)　徒歩約 17分
入生田
風祭
現在地
お問い合わせ先　小田原市教育委員会文化財保護課　TEL 33-1717

新町ガイドマップ
サイクリングロード

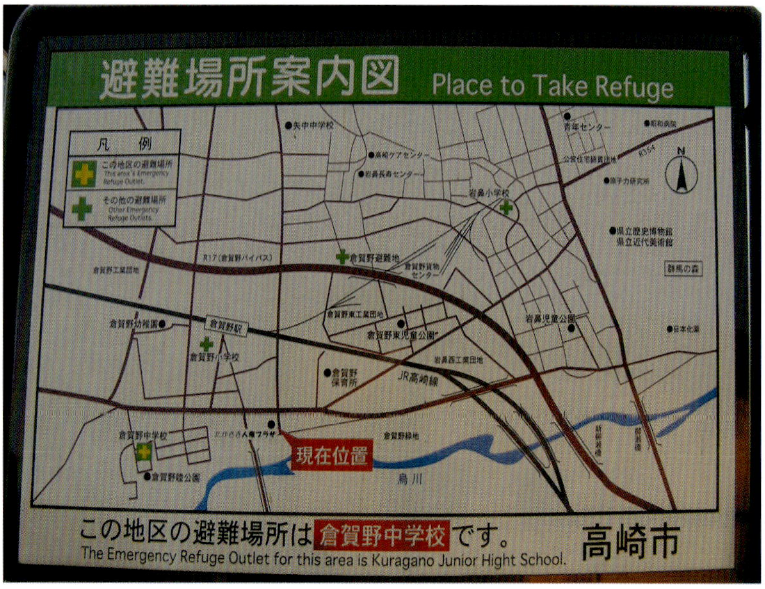
避難場所案内図 Place to Take Refuge
凡　例
この地区の避難場所
This area's Emergency Refuge Outlet.
その他の避難場所
Other Emergency Refuge Outlets.
矢中中学校
青年センター
高崎ケアセンター
岩鼻長寿センター
岩鼻小学校
県立歴史博物館
県立近代美術館
群馬の森
R17 (倉賀野バイパス)
倉賀野避難地
倉賀野工業団地
倉賀野幼稚園
倉賀野駅
倉賀野小学校
倉賀野東工業団地
倉賀野東児童公園
岩鼻児童公園
日本化薬
倉賀野保育所
JR高崎線
岩鼻西工業団地
倉賀野中学校
倉賀野緑地
現在位置
倉賀野睦公園
烏川
この地区の避難場所は倉賀野中学校です。
The Emergency Refuge Outlet for this area is Kuragano Junior Hight School.
高崎市

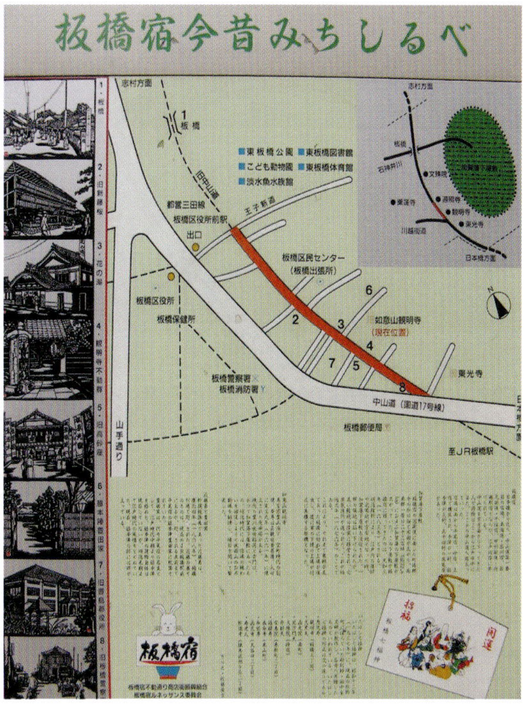
板橋宿今昔みちしるべ

蕨宿界隈史跡めぐり
中山道
現在地

山下公園
570m
450m
JR石川町駅
JR Ishikawachō Sta.
周辺案内図
Local Vicinity

駅レンタカー・定期観光バス
Car Rental
Sightseeing Bus
京都市内案内
定期観光バス 20M先
駅レンタカー
Car Rental
230M先

中山道蕨宿
現在の蕨宿

災害時帰宅経路案内図
災害時に幹線道路沿いに徒歩等で帰宅する際の参考としてください。
あなたの街の郵便局

HACHIMANTAI
国立公園
八幡平

巻向山
三輪山
大神神社
天香久山
青垣山に囲まれ
巻向川と初瀬川の
水垣に区切られた
この地域は
まさに聖域であり
古代大和の
中心地でした
0 1 2 3km

花の輪案内

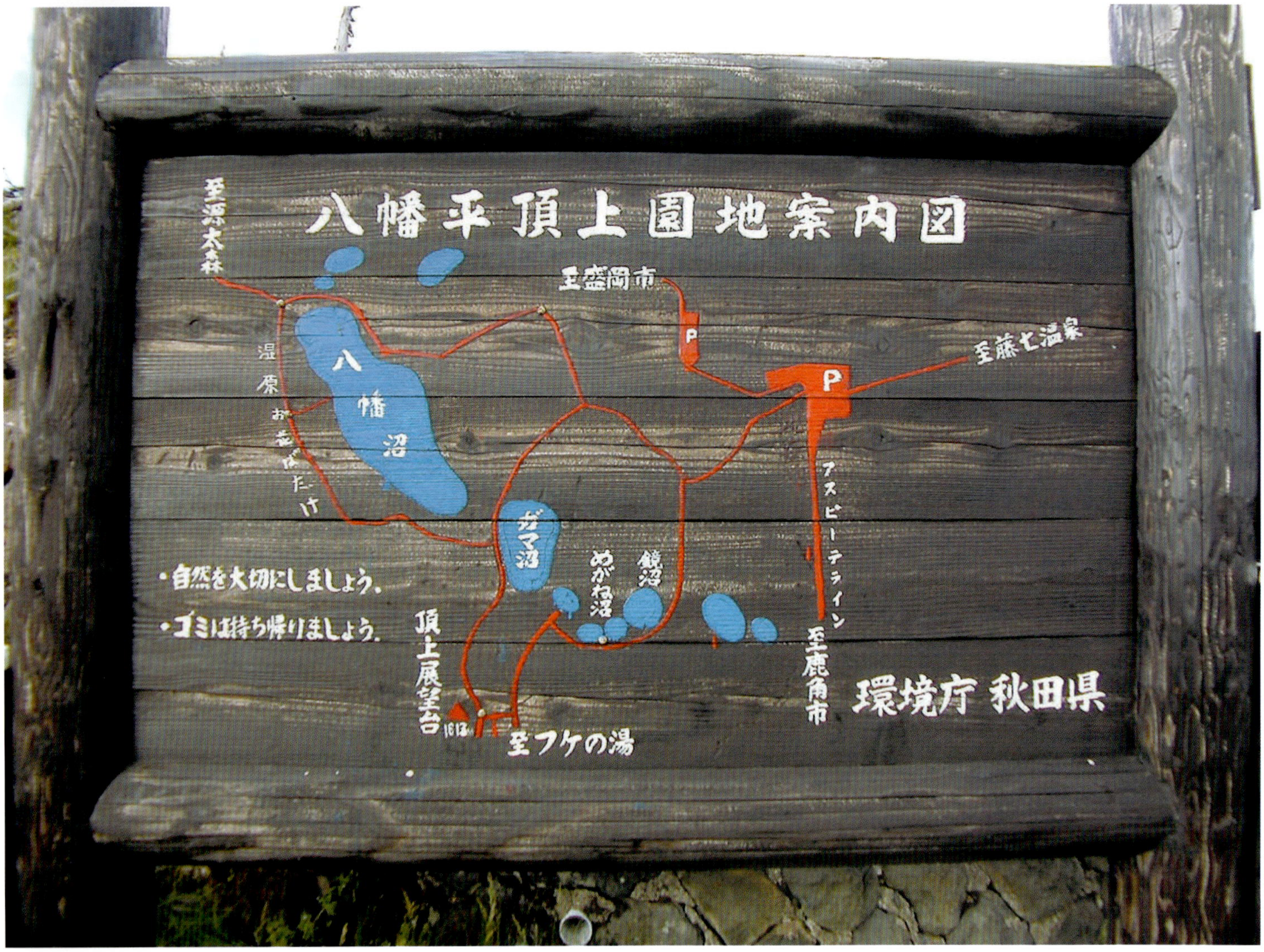
八幡平頂上園地案内図
至源太森
至盛岡市
至藤七温泉
湿原
八幡沼
ガマ沼
めがね沼
鏡沼
アスピーテライン
至鹿角市
頂上展望台
至フケの湯
・自然を大切にしましょう。
・ゴミは持ち帰りましょう。
環境庁 秋田県

滋賀県観光案内板
Welcome To Shiga
だから！滋賀
金剛輪寺
近江商人屋敷
百済寺
西明寺
多賀大社

付近観光案内図
Local Sightseeing Guide Map
부근 관광안내도
附近旅游导游图
現在地
北野天満宮
平野神社
大将軍八神社
天神川
西大路通
金閣寺
北野白梅町駅
立命館大学
等持院
等持院駅
京都市観光部

塔のへつり
屏風岩
烏帽子岩
虚空蔵尊
象塔岩
九輪塔岩
屋形塔岩
獅子塔岩
舞台岩
土俵岩
鯛口岩
藤見公園
昭和 八年八月二十四日に国の天然記念物に指定され、
百万年もの長い年月をかけて、
侵食と風化を繰り返し見事な景観をつくりだした
「塔のへつり」は、奇岩怪石が塔のようにそそりたち
大川ラインの中でも最大の渓谷美である。
下郷町

東海自然歩道
東海自然歩道（奈良〜忍辱山）案内図
環境庁·奈良県

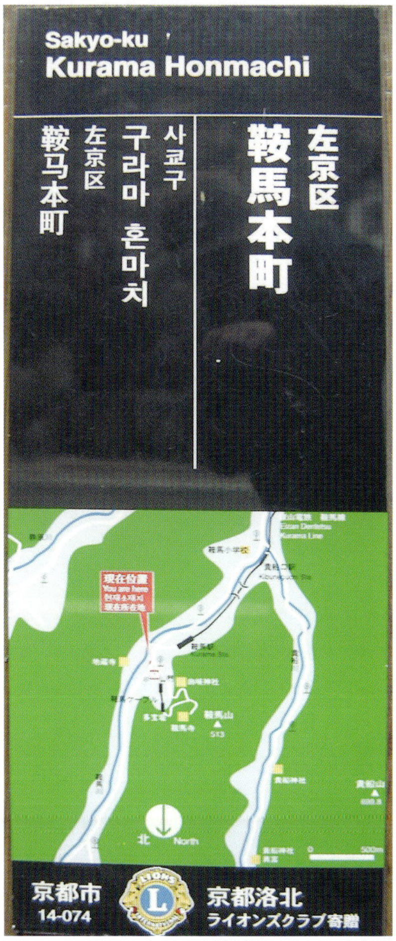
Sakyo-ku
Kurama Honmachi
左京区
鞍馬本町
사쿄구
구라마 혼마치
左京区
鞍马本町
現在位置
北
North
京都市
14-074
京都洛北
ライオンズクラブ寄贈

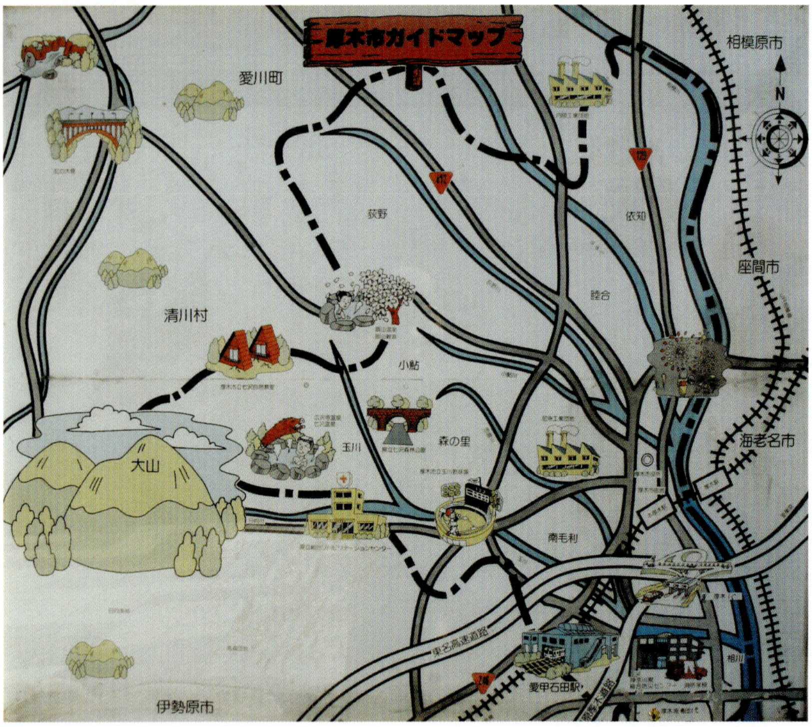
厚木市ガイドマップ
相模原市
N
愛川町
荻野
依知
座間市
睦合
清川村
小鮎
海老名市
玉川
森の里
大山
南毛利
東名高速道路
愛甲石田駅
伊勢原市

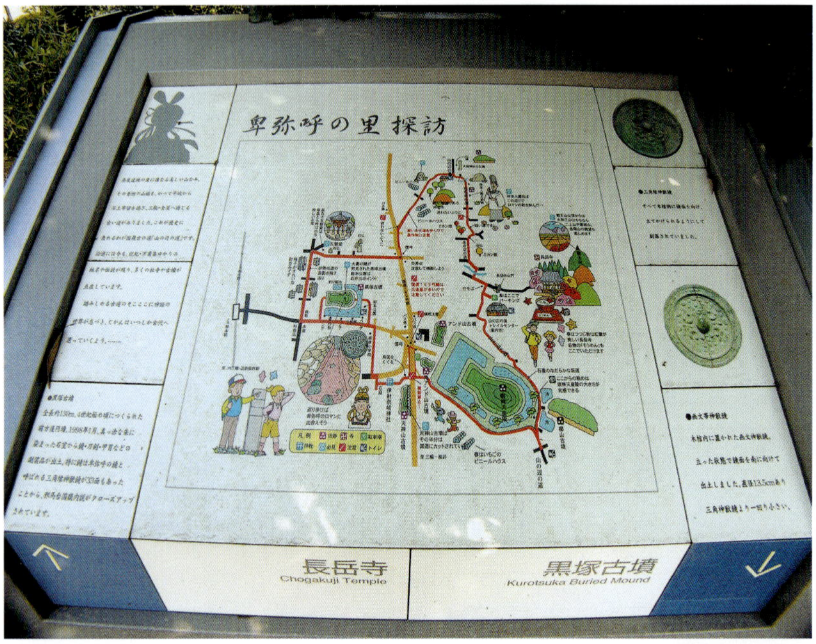
卑弥呼の里探訪
長岳寺
Chogakuji Temple
黒塚古墳
Kurotsuka Buried Mound

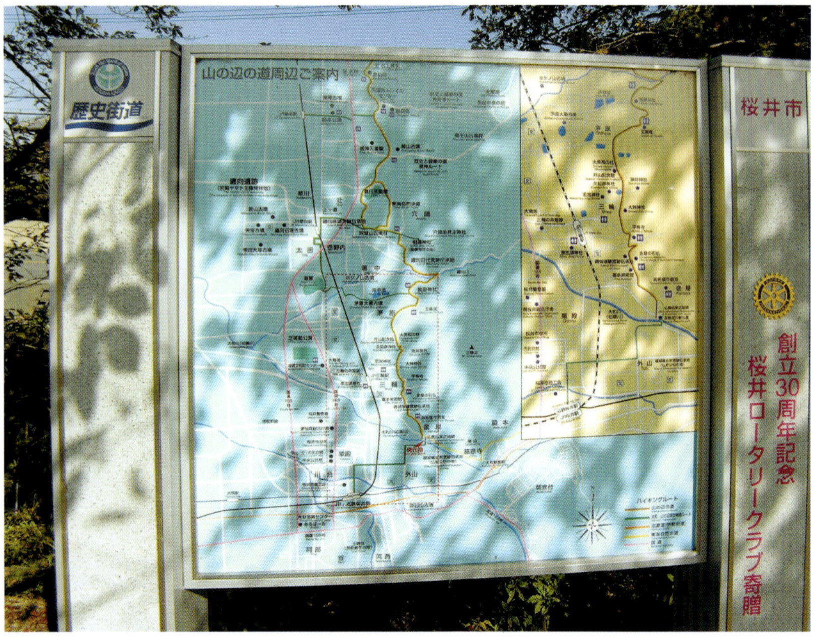
山の辺の道周辺ご案内
歴史街道
桜井市
創立30周年記念
桜井ロータリークラブ寄贈

観光案内図
卍高徳院
大仏
Daibutsu
鎌倉能舞台
鎌倉文学館
Kamakura Museum of Literature
(旧前田邸)
光則寺卍
Kōsokuji
甘縄神明宮
吉屋信子記念館
長谷寺卍
(長谷観音)
Hase Kannon
極楽寺卍
Gokurakuji
御霊神社
(権五郎神社)
収玄寺卍
現在地
ゆいがはま
Yuigahama Stn.
(ENODEN)
To Kamakura
ごくらくじ
Gokurakuji Stn.
To Fujisawa
極楽寺切通し
成就院卍
Jōjuin
はせ
Hase Stn.
国道134号線
稲瀬川
相模湾
由比ガ浜海岸
市営プール
(社)鎌倉市観光協会
平成2年3月

現在地
YOU ARE HERE
嵐山・嵯峨からのバス・電車所要時間
嵯峨野観光鉄道(株)
嵐山保勝会
Association for Preserving Scenic Arashiyama Area

鞍馬付近
案内図
標準所要時分
鞍《くら》馬《ま》駅《えき》 → 500m（10分） → 由《ゆ》岐《き》神《じん》社《じゃ》 → 600m（15分） → 鞍《くら》馬《ま》寺《でら》金《こん》堂《どう》 → 900m（20分） → 奥《おく》の院《いん》魔《ま》王《おう》殿《でん》 → 600m（15分） → 貴《き》船《ぶね》神《じん》社《じゃ》 → 2000m（30分） → 貴《き》船《ぶね》口《ぐち》駅《えき》
至芹生
至直谷
滝谷峠
義経堂《よしつねどう》
僧正ガ谷
木の根道
背比べ石《せくらべいし》
不動堂《ふどうどう》
大杉権現《おおすぎごんげん》
鞍馬山博物館《くらまやまはくぶつかん》
奥の院《おくのいん》
（魔王殿）
奥の院
奥の宮《おくのみや》
結社
料理旅館
貴船神社《きふねじんじゃ》
貴船川
西門《にしもん》
本殿金堂《ほんでんこんどう》
新参道
九十九折参道
多宝塔《たほうとう》
のりば
（ケーブル）
のりば
二ノ瀬ユリ
（ハイキングコース）
京都バス
貴船口～貴船間
春分の日～
11月30日間運行
蛍石
由岐神社《ゆきじんじゃ》
鞍馬の火祭
仁王門《におうもん》
匠斎庵《しょうさいあん》
（滝沢家）
《重要文化財》
鞍馬温泉《くらまおんせん》
鞍馬の街並
至花背
至静原
鞍馬特産木の芽煮
パノラマ電車で
新緑・紅葉も
ワイドに満喫
きらら
叡山電車
二ノ瀬
二ノ瀬駅
貴船口
貴船口駅
鞍馬
鞍馬駅
現在地
御旅所《おたびしょ》
鞍馬川
東海自然歩道
（ハイキングコース）
街をつなぐ、心をむすぶ
京阪グループ
EIDEN

かやぶきの里

付近観光案内図
Local Sightseeing Guide Map
부근 관광안내도
附近旅游导游图
京都市観光部
現在地
You are here
清水寺境内図
KIYOMIZUDERA Temple Guide Map
Kiyomizudera Temple

南《なん》毛《もう》利《り》南《みなみ》地《ち》区《く》あるきんぐマップ
この駅を利用される皆様へ
私たちのまち南毛利南地区周辺にはいくつもの隠れた見所があります。
早春の田園を彩るレンゲソウや、春のサクラ、梅雨時のアジサイなど、さまざまな花景色が展開する一方、川面を舞うカワセミの姿や、大山の風景など、季節ごとの様々な表情を見ることができます。
近くを流れる玉川の土手も、朝夕には絶好の散歩道として地元の人たちに愛されています。
さらに、前方後円墳や、鎌倉時代の弓の名人「愛甲三郎季隆」にまつわる史跡などの歴史を物語る場所も点在しています。
また、駅からバスなどを利用して、東丹沢七沢温泉郷や、日向薬師などへのハイキングコースに行くのも良し。伊勢原方面へと向かい、春先、シバザクラが咲き誇る渋田川河畔やあやめの里などへ足を延ばすのもいいですね。
私たちのまちを中心に、田園風景を楽しみながらのウオーキングや、自分だけのとっておきの風景探しなどをお楽しみ下さい。
その水先案内人として、この案内板をご活用いただけたら幸いです。
企画制作
厚木らしさの創造推進事業南毛利南地区協議会
2000年 3月
駅前周辺図
※このイラスト地図は、駅から北西に向かって示してありますのでご注意ください。
周辺の見どころ紹介

付近観光案内図 Local Sightseeing Guide Map
부근 관광안내도 附近旅游导游图
YOKOSO! JAPAN KYOTO

ようこそ会津芦ノ牧温泉へ
旧国道
会津線
阿賀川
国道121号線
国道118号線
仙峡閣
新湯旅館
芦ノ牧ホテル
芦ノ牧温泉病院
不動館
清翠苑
福泉
芦ノ牧温泉観光協会
芦ノ牧
芦ノ牧プリンスホテル
温泉神社
丸峰観光ホテル
銘木荘
大川荘
美好館
湯の華苑
芦ノ牧グランドホテル
ホテル渓山
当駅より芦ノ牧温泉まで4.2粁
芦ノ牧温泉行きのバスは一〇〇米先大通りに停留所があります。
この先
上三寄バス停留所（芦ノ牧温泉駅）時刻表
タクシーご用の方は (0242) 92-2211
芦ノ牧温泉観光協会
芦ノ牧温泉旅館協同組合
(0242) 92-2336
かみみより
上 三 寄
KAMI MI YORI
MON DEN
くわばら
KUWABARA
郵便
POST

浄土宗大本山光明寺案内図
天照山
秋葉山大権現
開山良忠上人御廟
開基経時公墓所
大聖閣
大殿
石庭
三尊五祖の庭
記主庭園
池
延命地蔵尊市文化財
内藤家墓所
書院
善導大師像
稲荷大明神
墓地
開山堂
庫裡・本坊
クロガネモチ
(市指定銘木)
鐘楼
三門
便所
総門
現在地
N

西新宿
六丁目
14-1
新宿区
西新宿六丁目
14
Nishi-
shinjuku
6-chome
Shinjuku-
City
Site Guide
案内図
新宿第一生命ビル
新宿国際ビル

RIVIERA ZUSHI MARINA
逗子方面
鎌倉駅方面

i-LAND
OPEN
アトリウム
アイランドウイング
クリニック
新宿アイランドホール
新宿アイランドタワー

g-zone
GINZA
WEST GATE
HERE
MONSOON CAFE
ZEST CANTINA
CAFE LA BOHEME
EAST GATE
CAFE LA BOHEME
KITCHEN
GONPACHI
MONSOON CAFE
PARTY ROOM
TANAGI STREET
GINZA CHUO STREET
OPEN EVERYDAY
from 11:30a.m. to 3:30a.m.

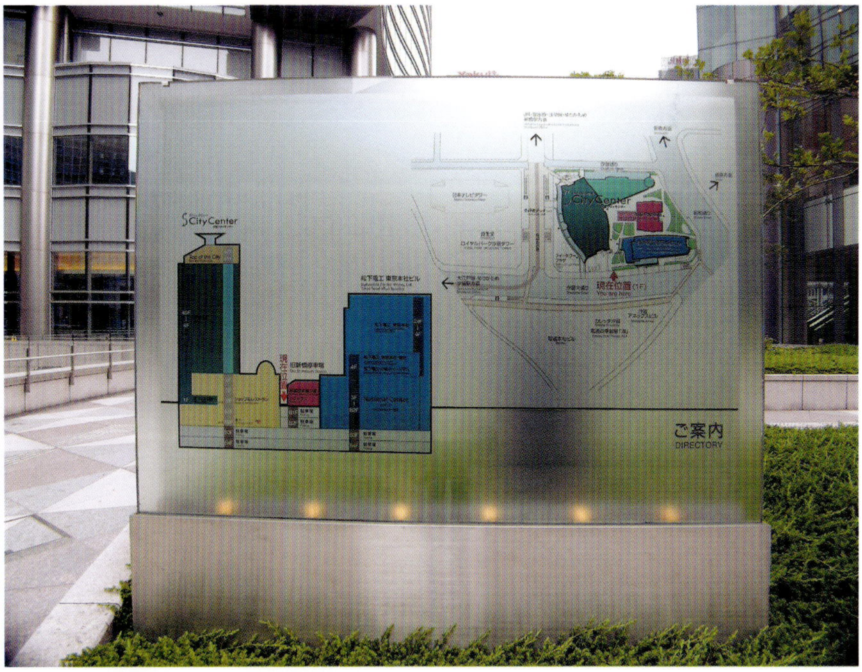
CityCenter
松下電工 東京本社ビル
旧新橋停車場
現在位置(1F)
ご案内
DIRECTORY

国指定特別名勝　六《りく》義《ぎ》園《えん》
「六義園」の庭園名について
六義とは詩道の根本を構成する六つの「体」のことである。
賦（ふ）感想をそのまま述べたもの
比（ひ）例をとって感想を述べたもの
興（きょう）外物にふれて感想を述べたもの
風（ふう）民間で行われる歌謡
雅（が）朝廷でうたわれる雅正の詞藻
以上が詩経大序にいう六種の分類であり「六義」といいます。この詩経から因んで「六義園」と名付けられました。
なお、「六義園」の読み方ですが、築造当時は「むくさのその」と呼んでいましたが、現在では漢音読みで「六義」を「りくぎ」と読む習わしから「りくぎえん」と読みます。
東京都
現在地
内庭大門
出汐の湊
妹山・背山
つつじ茶屋　つつじの木で作られたあずまやです。
ささがにの道
藤代峠
渡月橋　2枚の割った大石を下から岩で支えた橋です。
滝見の茶屋
臥竜石　竜の背のような姿を見せる石です。
蓬莱島　神仙島の三つの島のひとつで亀の形をした島です。
■主な自然紹介
《入園案内》●入口「正門」より入園願います。(⇐350m先右折)●この場所「染井門」は、イベント等のみの臨時開門となりま

1F
roppongi hills

RIVIERA RESORT
ZUSHI MARINA

電通四季劇場「海」
カレッタ汐留
汐留アネックスビル
電通本社ビル
電通ホール(1F)
電通本社ビル周辺案内

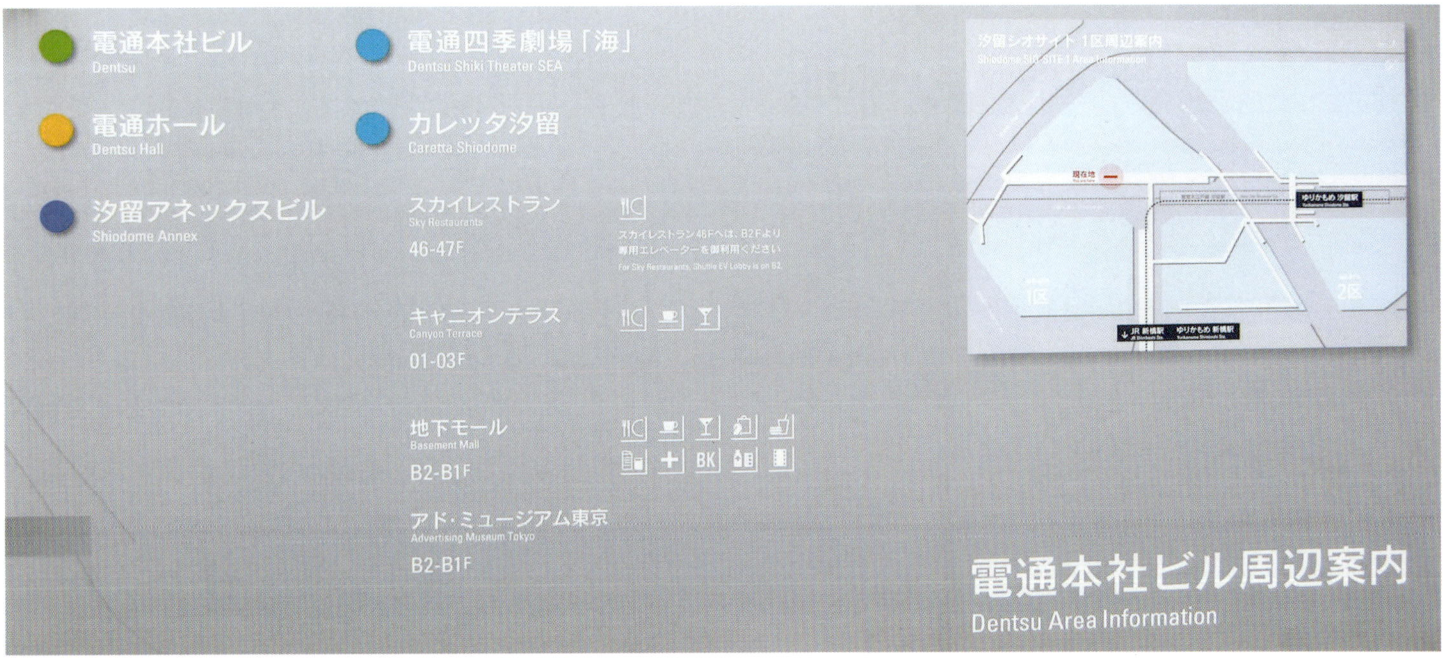
電通本社ビル
Dentsu
電通四季劇場「海」
Dentsu Shiki Theater SEA
電通ホール
Dentsu Hall
カレッタ汐留
Caretta Shiodome
汐留アネックスビル
Shiodome Annex
スカイレストラン
Sky Restaurants
46-47F
スカイレストラン46Fへは、B2Fより
専用エレベーターを御利用ください
For Sky Restaurants, Shuttle EV Lobby is on B2.
キャニオンテラス
Canyon Terrace
01-03F
地下モール
Basement Mall
B2-B1F
BK
アド・ミュージアム東京
Advertising Museum Tokyo
B2-B1F
汐留シオサイト 1区周辺案内
現在地
ゆりかもめ 汐留駅
JR 新橋駅
ゆりかもめ 新橋駅
1区
2区
電通本社ビル周辺案内
Dentsu Area Information

都立
陵南公園

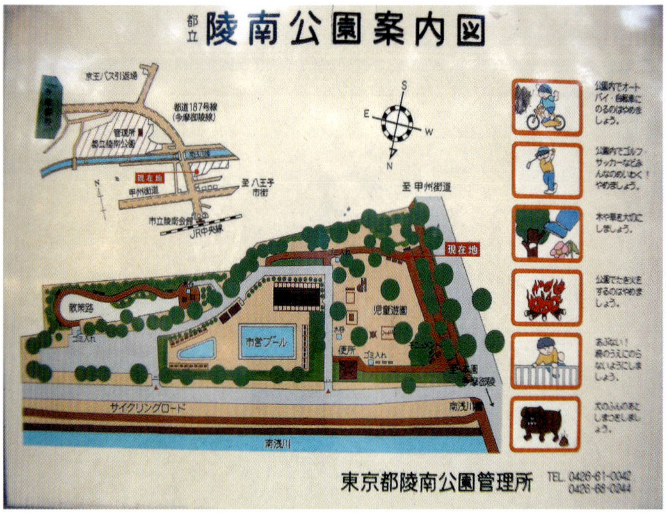
都立
陵南公園案内図
京王バス引返場
都道187号線
(多摩御陵線)
管理所
都立陵南公園
現在地
甲州街道
至 八王子
市街
市立陵南会館
JR中央線
S
E
W
N
至 甲州街道
現在地
散策路
ゴミ入れ
市営プール
児童遊園
便所
サイクリングロード
南浅川
公園内でオートバイ・自転車にのるのはやめましょう。
木や草を大切にしましょう。
東京都陵南公園管理所
TEL. 0426-61-0042
0426-68-0244

海老名中央公園案内図

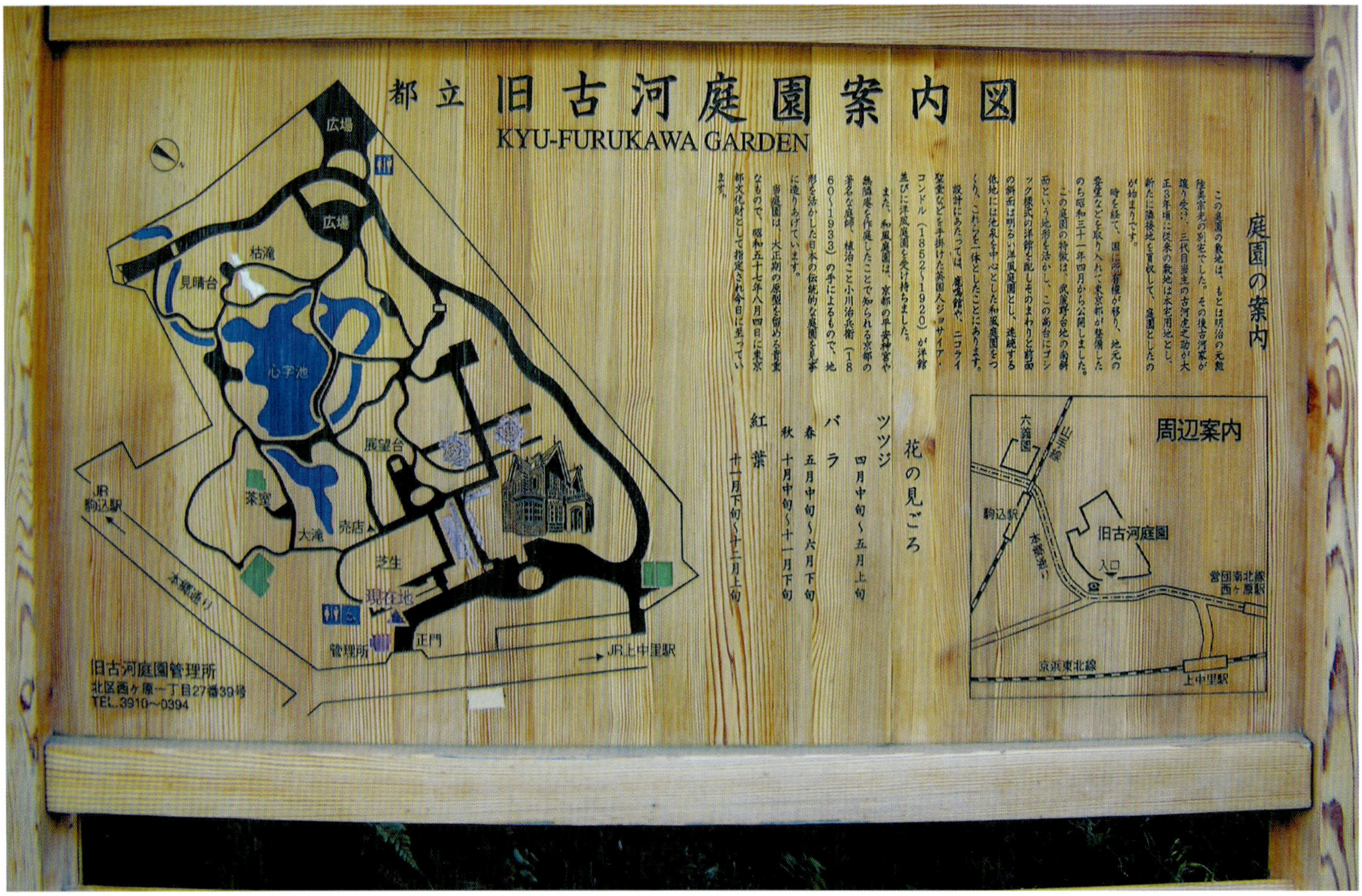
都立 旧古河庭園案内図
KYU-FURUKAWA GARDEN
広場
広場
枯滝
見晴台
心字池
展望台
茶室
大滝
売店
芝生
現在地
管理所
正門
JR
駒込駅
本郷通り
JR上中里駅
旧古河庭園管理所
北区西ヶ原一丁目27番39号
TEL.3910～0394
庭園の案内
花の見ごろ
ツツジ 四月中旬～五月上旬
バラ 春 五月中旬～六月下旬
秋 十月中旬～十一月下旬
紅葉 十一月下旬～十二月上旬
周辺案内
六義園
山手線
駒込駅
本郷通り
旧古河庭園
入口
営団南北線
西ヶ原駅
京浜東北線
上中里駅

マイスタ広場
My Studio Plaza
日本テレビタワー
NIPPON TELEVISION TOWER
ロイヤルパーク汐留タワー
ROYAL PARK SHIODOME TOWER
資生堂
SHISEIDO

SHISEIDO
MAQuillAGE
出入口 3 4 5 6
Exit 3, 4, 5, 6
出入口 7 8 9 10
Exit 7, 8, 9, 10
新交通ゆりかもめ汐留駅
Yurikamome Line Shiodome Sta.
都営大江戸線汐留駅
Oedo Line Shiodome Sta.
エレベーター C
Elevator C
銀座方面
for Ginza
浜松町方面
for Hamamatsucho
日本テレビタワー
Nippon Television Tower
汐留タワー
Shiodome Tower
B1F 地下1階 B1Floor
地下歩道案内図
Underground Pedestrian Concourse Information
B2F 地下2階 B2Floor
地区案内図
Area District Information
INFORMATION

B1F
B2F
B3F
B4F

中尊寺
境内御案内
西物見
かんざん亭
能楽堂
釈迦堂
弁財天堂
阿弥陀堂
鐘楼
大日堂
峯薬師堂
本堂
地蔵堂
東物見
現在地
讃衡蔵
不動堂
薬師堂
弁慶堂
八幡堂
金色堂
経蔵
北参道
月見坂
国道四号線
町道
団体バス
降車場
P
P

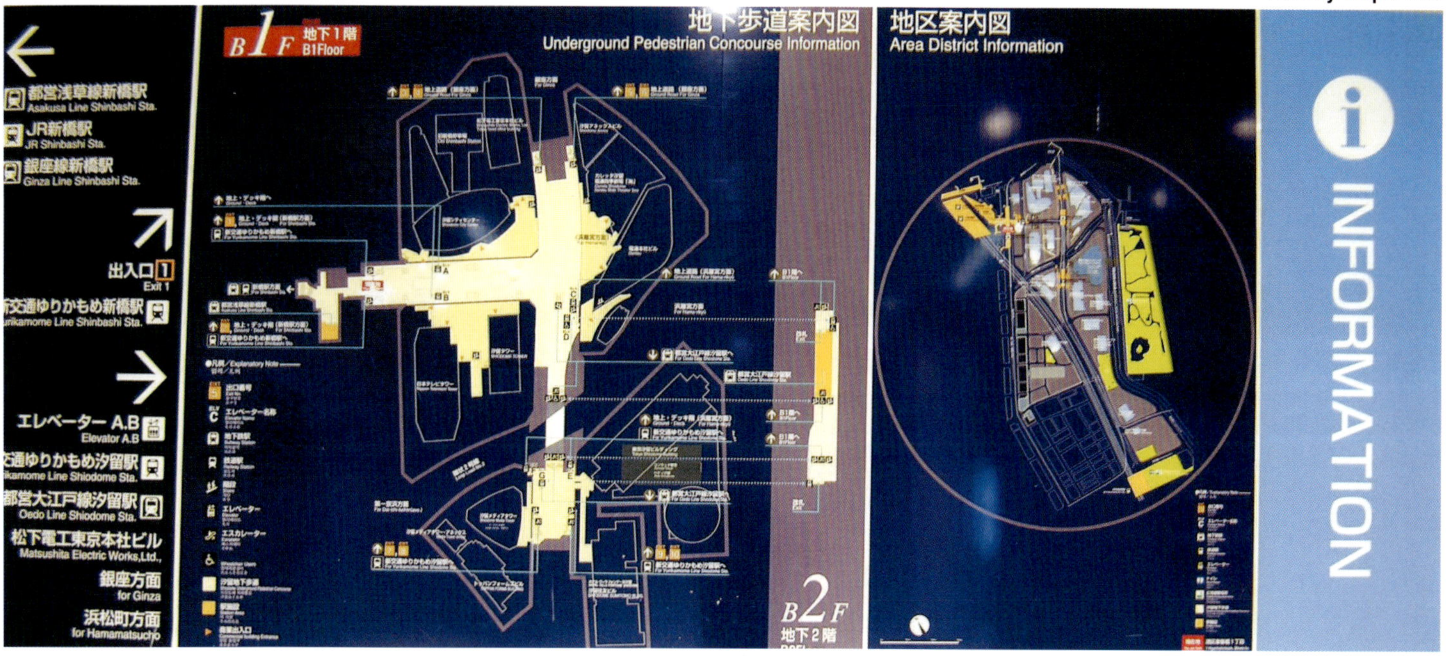
地下歩道案内図
Underground Pedestrian Concourse Information
地区案内図
Area District Information
B1F 地下1階 B1Floor
都営浅草線新橋駅
Asakusa Line Shinbashi Sta.
JR新橋駅
JR Shinbashi Sta.
銀座線新橋駅
Ginza Line Shinbashi Sta.
出入口1
Exit 1
交通ゆりかもめ新橋駅
urikamome Line Shinbashi Sta.
エレベーター A.B
Elevator A.B
交通ゆりかもめ汐留駅
ikamome Line Shiodome Sta.
都営大江戸線汐留駅
Oedo Line Shiodome Sta.
松下電工東京本社ビル
Matsushita Electric Works,Ltd.,
銀座方面
for Ginza
浜松町方面
for Hamamatsucho
B2F
地下2階
INFORMATION

三輪山平等寺境内図
平等寺研修道場
いじめに負けない強い心と身体をつくる実践カラテの道場。
平等寺カイロプラクティック院。
熱取り地蔵尊
吉野町時代の僧善教が大和の国の熱病平癒のために彫られた地蔵尊。
聖徳太子像
５８１年 この国の平和を祈願してこの寺を開かれた開基開山聖徳太子をまつる。
鐘楼堂
昭和６２年再建された。人間国宝香取正彦氏に指導をうけ、富山の老子製作所で鋳造された。
稲荷社
伏見稲荷、豊川稲荷、孫太郎稲荷の三社をまつる。
赤 門
かつては重層の門であったが昭和５１年 現住職が手作りで建立した門。
行事ご案内
一月 一日～三日 修正会
一月 成人式の日 三輪不動初ごま会
二月 三日 十時 節分星祭会
四月第一日曜十時 釈尊花祭り大護摩会
八月 一日九時半 最勝会 お施餓鬼塔婆供養
八月二三日 一時 水子地蔵法会
一二月二一日一時 三輪不動しまいごま会
春秋彼岸中日二時 彼岸法要
毎月一八日 一時 観音講（ご詠歌の集い）
毎月二四日 二時 水子供養会
毎月二八日 二時 月次ごま会
毎週日曜 六時半 坐禅会
至 大三輪神社
平等寺研修道場
至 JR三輪駅
薬師堂
恵比寿神社
山門
手水舎
万葉歌碑
句碑
事務所受付
本堂（地下坐禅堂）
波切不動
大行事社
三輪山
不動の滝
不動堂
磐座
岩屋不動
歌碑
熱とり地蔵尊
聖徳太子像
善女竜王の池
開山歴住墓
仏足石
心字蓮池
二重塔釈迦堂
鐘楼堂
句碑
稲荷社
赤門
山の辺の道
平等寺川
至 金屋石仏 仏教伝来地 桜井
大行事社
三輪山一山の年間の行事等のとりきめをした社で、元恵比須である。
本 堂
昭和６２年再建され、聖徳太子の御自作と伝えられる本尊十一面観世音菩薩はじめ薬師如来、阿弥陀如来、地蔵菩薩、聖徳太子像をまつる。
不動堂
中央に弘法大師御自作と伝えられる三輪不動尊、右に役行者、左に理源大師をまつる。
二重塔釈迦堂
平成１６年に８００年ぶりに再建され、中央に生身釈迦像、平等寺仏足石、インドダルマラジカ寺伝来の仏舎利をまつる。
波切堂
弘法大師の信仰された波切不動明王をまつる。
不動の滝
昔より大峰山に登る行者が修行された行滝でたらたら不動尊をまつる。
三輪山平等寺
三輪山平等寺は、五八一年聖徳太子が賊徒を平定するため三輪明神に祈願して賊平定後十一面観音を刻んで寺を建立し、大三輪寺と称したのにはじまります。鎌倉時代初期、慶円上人を迎え平等寺と改称してから大伽藍が再建され、仏法の根本道場として栄えました。
明治の初期、廃仏毀釈によって堂塔ことごとく整理をせまられましたが、今日再び復興され、心を耕す禅の寺として多くの人々に親しまれております。

Building Information
マンダリン オリエンタル 東京
Mandarin Oriental, Tokyo
SIGNATURE
KSHIKI
千疋屋総本店
Sembikiya
Shops & Restaurants
櫻川
三井記念美術館
Mitsui Memorial Museum
三井本館7F
日本橋三井タワー
1階入口をご利用ください
日本橋三井タワー5F
三井タワークリニック
室町歯科医院
am pm
ATM

カレッタ汐留
スカイレストラン
キャニオンテラス
地下モール

INFORMATION
高崎シティ・ホール案内図

明治安田生命 ご案内
保険等に関するご相談・お手続きのお客さまは
丸の内お客さまご相談センター
明治生命館1Fにおこしください
診査・面接のお客さまは
丸の内診査センター
明治安田生命ビル低層棟4Fにおこしください
その他 当社へご用のお客さまは
明治安田生命エントランス
明治安田生命ビル高層棟1Fにおこしください
明治生命館
明治安田生命ビル
明治安田生命エントランス

浜名湖
サービスエリア案内図
浜名湖周辺地域観光案内図

多賀サービスエリア案内図
N
多賀大社方面
P
P
高速バス
多賀サービスエリア(上り)

清水寺
全国清水寺の所在地
三重県多気郡宮川村清滝695
三重県南牟婁郡紀和町小森614
三重県度会郡度会町上久具
和歌山県有田郡清水町清水275
和歌山県新宮市清水元2-1-36
滋賀県高島郡安曇川町上古賀779
京都府京都市東山区清水1丁目294
京都府京都市北区真弓八幡町216
京都府船井郡日吉町清水
大阪府大阪市天王寺区伶人町5-8
兵庫県神戸市西区玉津町新方498-1
兵庫県洲本市宇原202
兵庫県加東郡社町平木1194
兵庫県氷上郡柏原町柏原　八幡神社
島根県大田市大森町銀山
島根県安来市清水町528
島根県隠岐郡海士町保々見
岡山県上房郡賀陽町湯山458
岡山県久米郡久米南町上籾614
岡山県真庭郡湯原町久見
岡山県真庭郡落合町関4849
岡山県浅口郡金光町大字占見2391
山口県山口市宮野下恋路
徳島県徳島市南佐古三番町2-14
福岡県北九州市小倉北区清水4-7-14
福岡県鞍手郡若宮町黒丸1558-1
福岡県浮羽郡浮羽町山北
福岡県山門郡瀬高町本吉1119-1
長崎県長崎市鍛冶屋町8-43
大分県宇佐市清水443
宮崎県西都市清水637
佐賀県小城郡小城町清水
熊本県阿蘇郡久木野村久石47
熊本県熊本市春日４丁目1-7
山梨県山梨市市川573
山梨県塩山市上井尻542
長野県長野市若穂保科1949
長野県伊那市手良中坪1075
長野県上田市殿城字岩清水
長野県長野市松代町西条147-1
長野県上水内郡信州新町中牧2954
長野県大町市常磐497
長野県東筑摩郡山形村清水7764
新潟県中蒲原郡村松町寺田
新潟県佐渡郡新穂村大野124
新潟県佐渡郡相川町石名185
富山県礪波郡福野町岩武新198
富山県下新川郡朝日町南保4740
石川県珠洲郡内浦町秋吉
岐阜県加茂郡富加町加治田985-1
岐阜県岐阜市芥見海戸山142
静岡県田方郡函南町間宮298-1
静岡県藤枝市原6-1
静岡県静岡市音羽町27-8
愛知県犬山市善師野清水洞15
愛知県名古屋市中区千代田2-22
愛知県東海市荒尾町西川60
北海道上川郡清水町南一条西４丁目2
青森県八戸市是川字中居18-2
青森県三戸郡田子町田子字下田子
岩手県花巻市太田町清水21-5-1
岩手県盛岡市西見前17-49
宮城県栗原郡栗駒町岩ケ崎桐木沢3
宮城県加美郡色麻町清水石原南71
宮城県本吉郡志津川町戸倉字清水130
宮城県仙台市泉区松森字鹿島3-1
山形県寒河江市日和田565
福島県双葉郡浪江町小野田清水
福島県福島市庭坂宮下35
茨城県西茨城郡友部町平町355
栃木県鹿沼市西鹿沼町1204
栃木県下都賀郡大平町西山田3427
栃木県下都賀郡岩舟町下岡463
群馬県高崎市石原町2401
群馬県勢多郡東村神戸719
千葉県夷隅郡岬町鴨根1270
千葉県香取郡小見川町虫幡1237
東京都台東区上野公園1-29
東京都台東区松が谷2-25-10
東京都町田市相原町701
神奈川県相模原市下溝1457
神奈川県横浜市中区豆口台111
全国清水寺ネットワーク会議

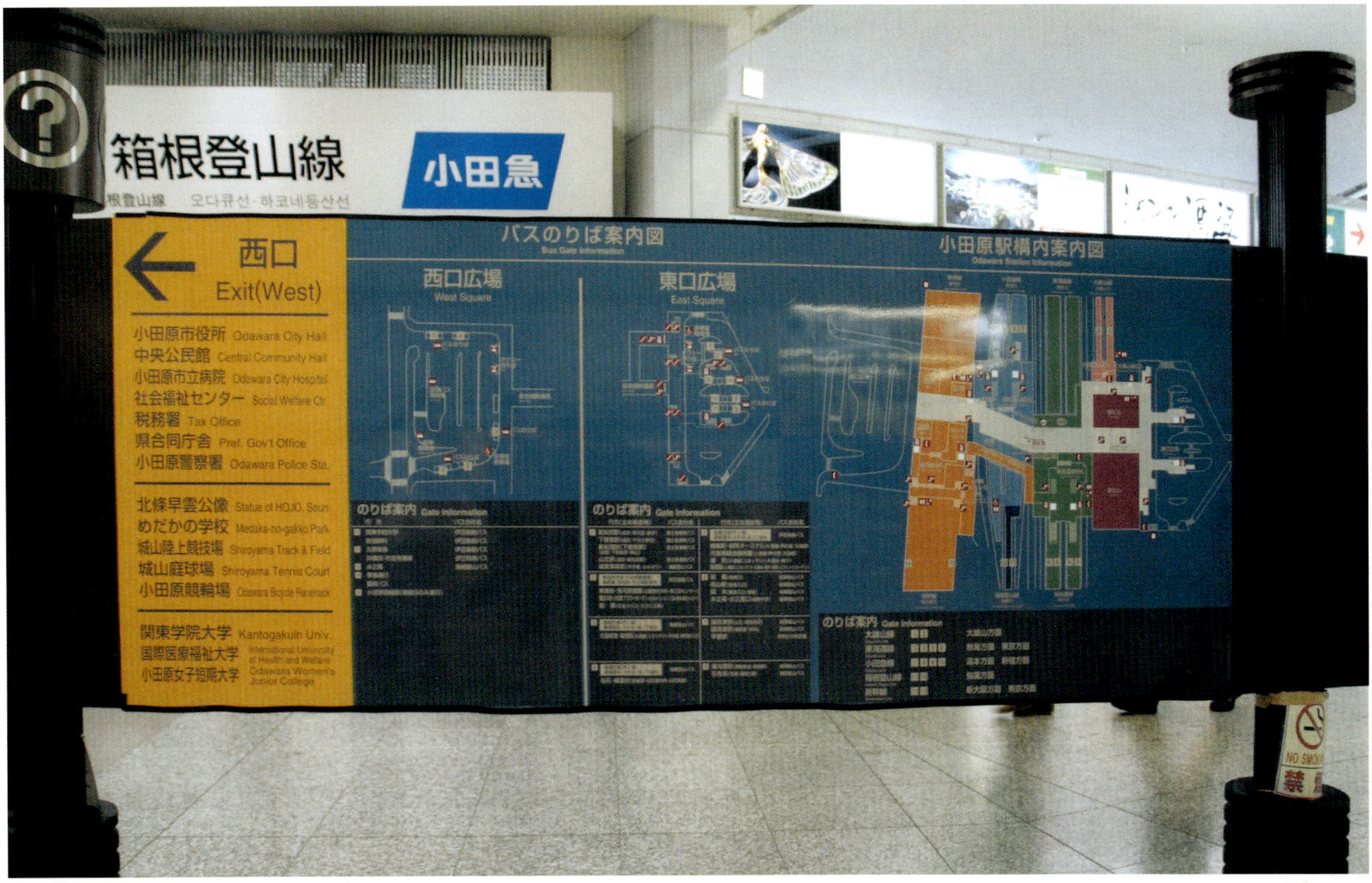
箱根登山線
小田急
西口
Exit(West)
小田原市役所 Odawara City Hall
中央公民館 Central Community Hall
小田原市立病院 Odawara City Hospital
社会福祉センター Social Welfare Ctr.
税務署 Tax Office
県合同庁舎 Pref. Gov't Office
小田原警察署 Odawara Police Sta.
北條早雲公像 Statue of HOJO Soun
めだかの学校 Medaka-no-gakko Park
城山陸上競技場 Shiroyama Track & Field
城山庭球場 Shiroyama Tennis Court
小田原競輪場 Odawara Bicycle Racetrack
関東学院大学 Kantogakuin Univ.
国際医療福祉大学 International University of Health and Welfare
小田原女子短期大学 Odawara Women's Junior College
バスのりば案内図
西口広場
West Square
東口広場
East Square
小田原駅構内案内図
のりば案内
のりば案内
のりば案内

【北法相宗大本山清水寺境内図と門前町図】
═ようこそ 清水寺═
※右の道を左へ下つて
• 産寧坂まで徒歩約5分
• 市営駐車場まで徒歩約5分
• 清水道バス停まで徒歩約10分
• 八坂塔まで徒歩約10分
• 円山公園まで徒歩約30分
（産寧坂・二年坂・高台寺圣由）
寄贈 清水寺門前会

ヴェルニー公園案内図
Verny Park Parc Verny
A
B
C
D
横須賀港
さくらの広場1
フランス式花壇
開明広場
うみかぜの路
いこいの広場
ヴェルニー記念館
現在地
本町山中有料道路
国道16号
Route 16
至 観音崎
JR横須賀駅
至 横浜
ヴェルニー公園・フランスとのきずな
幕末、横須賀製鉄所の建設と運営を手がけ、日本の産業近代化に大きく貢献したフランス人フランソワ・レオンス・ヴェルニー。「ヴェルニー公園」は彼の業績をたたえて名づけられました。公園の園路や花壇はフランス様式の庭園を模しています。園内に植えられたおよそ2000本のバラはフランスで育成された品種を中心に、日本、アメリカ、ドイツなどの品種もあり、美しい姿と甘い香りで来園者を楽しませてくれます。また、横須賀市はフランスのブレスト市と姉妹都市となっており、ヴェルニー公園はまさに日本とフランスの友好を象徴した公園なのです。
日本のバラの里帰り？

横浜駅東側の避難場所
みなとみらい21地区
The Safety Evacuation Area of The East Side Dist. is
MINATOMIRAI 21 Dist.
横浜駅西側の避難場所
沢渡中央公園
The Safety Evacuation Area of The West Side Dist. is
SAWATARI CENTRAL PARK
きた東口 A
N. passage East Exit A
きた東口 B
N. passage East Exit B
横浜中央郵便局
Yokohama Central Post Office
きた東口 C
N. passage East Exit C
YCAT
TAXI
きた西口
N. passage West Exit
かながわ県民センター
Kanagawa Community Relations Center
西口
West Exit
TAXI
北幸1・2丁目
ザ・ダイヤモンド（西口地下街）

東横線
Tōkyū L.
みなとみらい線
Minatomirai L.
西口
West Exit
南幸1丁目
北幸1丁目
東口
East Exit
高島2丁目
ヨコハマスカイ
マルイシティ
ヨコハマプラザホテル
ルミネ
そごう
きた西口
N. passage West Exit
南幸1丁目
北幸1丁目
鶴屋町
かながわ県民センター
相鉄高速バスセンター
きた東口A
N. passage East Exit A
金港町
きた東口B
N. passage East Exit B
高島2丁目
きた東口C
N. passage East Exit C
構内案内図
Facilities Location Guide
駅周辺案内図
Area Guide
みなみ西口
S. passage West Exit
みなみ東口
S. passage East Exit
JR線
JR L.
相鉄線
Sōtetsu L.
地下鉄
Subway

JR線
JR Lines
京急線
Keikyū Line
相鉄線
Sōtetsu Line
市営地下鉄
Subway
エレベーター
出口
Exit
나가는 곳
西口(中央通路)
東口(中央通路)
みなみ西口(みなみ通路)
みなみ東口(みなみ通路)
構内案内図
Facilities Location Guide
JR線
JR Lines
京急線
Keikyū Line
後方にございます
駅長事務室
Station Master's Office
お忘れ物承り所
Lost and Found
東急線 みなとみらい線
定期券うりば
Commuter Pass Counter
東急旅行センター テコプラザ
Tōkyū Travel Corner "Teco Plaza"
出口
Exit
나가는 곳
きた西口(きた通路)
N. Passage West Exit (Northern Passage)
南幸1丁目
北幸1丁目
鶴屋町
かながわ県民センター
相鉄高速バスセンター
きた東口A(きた通路)
N. Passage East Exit A (Northern Passage)
金港町
きた東口B(きた通路)
N. Passage East Exit B (Northern Passage)
高島2丁目
きた東口C(きた通路)
N. Passage East Exit C (Northern Passage)

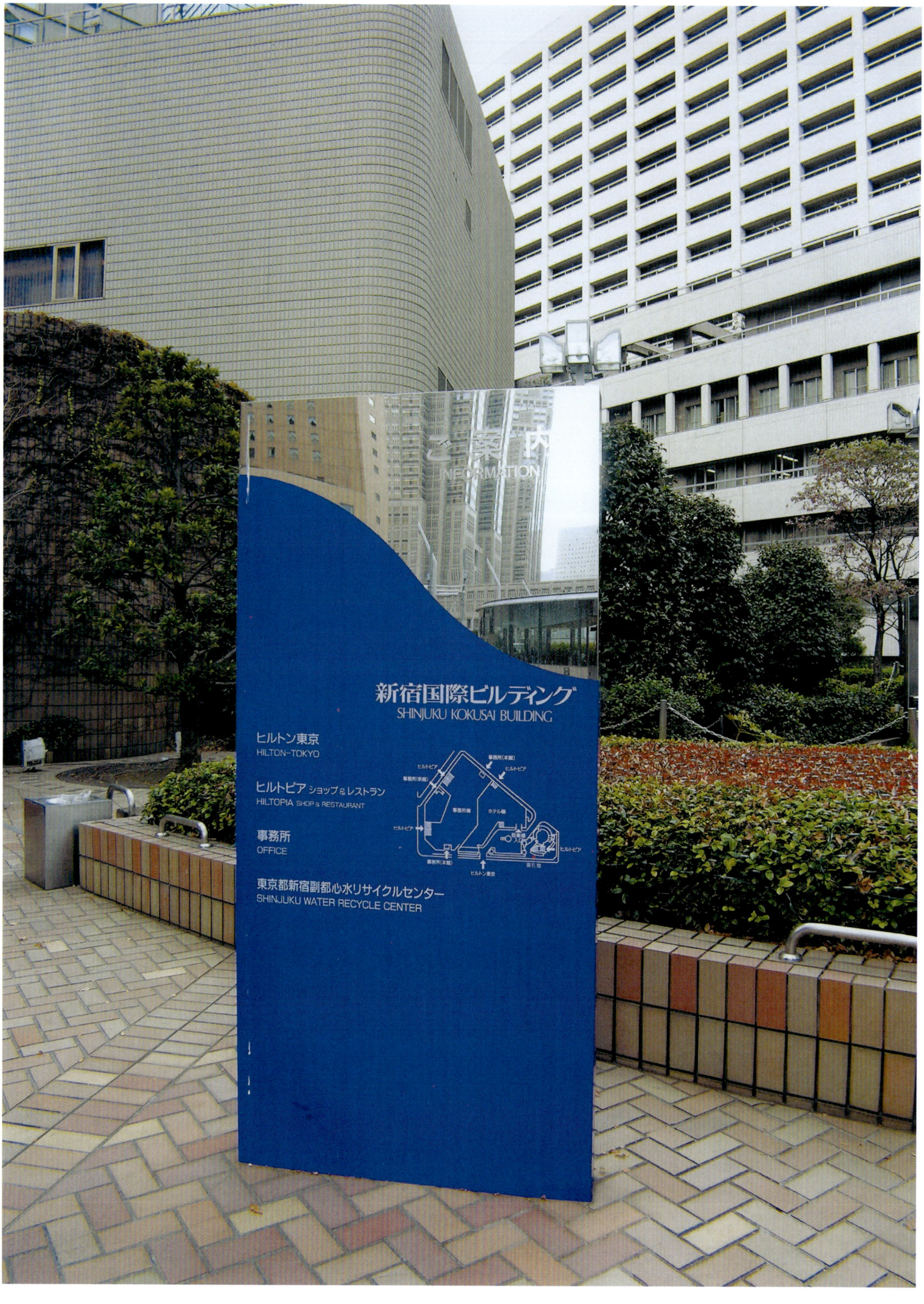
ご案内
INFORMATION
新宿国際ビルディング
SHINJUKU KOKUSAI BUILDING
ヒルトン東京
HILTON-TOKYO
ヒルトピア ショップ＆レストラン
HILTOPIA SHOP & RESTAURANT
事務所
OFFICE
東京都新宿副都心水リサイクルセンター
SHINJUKU WATER RECYCLE CENTER
事務所(本館)
ヒルトピア
事務所(新館)
事務所棟
ホテル棟
ヒルトン東京

CENTURY HYATT
新宿第一生命ビルディング
ホテルセンチュリーハイアット
新宿第一生命ビルディング
Shinjuku Dai-ichi Seimei Bldg.
店舗ご案内
ホテルセンチュリーハイアット
Century Hyatt Tokyo
ホテルロビー(2F)へは右側の階段をご利用ください。

21

オフィス
OFFICE
泉ガーデンタワー
IZUMI GARDEN TOWER
地下鉄
SUBWAY
地下鉄南北線 六本木一丁目駅
ROPPONGI 1-CHOME STATION

9

11

OJI HALL
OJI HALL

泉ガーデンタワー
IZUMI GARDEN TOWER
泉ガーデンウイング
IZUMI GARDEN WING
ホテル
ヴィラフォンテーヌ六本木
Hotel Villa Fontaine Roppongi
泉ガーデンレジデンス
IZUMI GARDEN RESIDENCE
地下鉄南北線
六本木一丁目駅
ROPPONGI 1-CHOME STATION

2F

SHIODOME
SIO-SITE

caretta
SHIODOME
電通
四季劇場
海
カレッタ汐留

普通列車のグリーン券は、あらかじめ駅で Suicaで
250円
まるごと
Suicaが
使える駅。

1F
B1F
GRAND
1 PASSAGE 2
un deux
SHOPS & RESTAURANTS
1F
B1F

東京メトロ
Tokyo Metro
表参道駅
Omote-sando Sta.

東京メトロ
Tokyo Metro
表参道駅
Omote-sando Sta.

松下電工 東京本社ビル
Matsushita Electric Works, Ltd.,
Tokyo head office building
松下電工 汐留ミュージアム
Matsushita Electric Works Shiodome Museum
National Center
TOKYO
ナショナルセンター東京
旧新橋停車場
Old Shimbashi Station
鉄道歴史展示室
Railway History Exhibition Hall
レストラン
Restaurants

Shiodome
City Center
レストラン
Restaurants
カフェ・デリ
Cafes・Deli
高層レストラン
Sky View Restaurants
ショップ・サービス
Shops・Service
メディカルサービス
Medical Service
松下電工
東京本社ビル
Matsushita Electric Works, Ltd.,
Tokyo head office Building
松下電工 東京本社
Matsushita Electric Works, Ltd.,
Tokyo head office
National Center TOKYO
松下電工 汐留ミュージアム
旧新橋停車場
Old Shimbashi Station
鉄道歴史展示室
Railway History Exhibition Hall
レストラン
Restaurant

Shiodome
City Center
レストラン・カフェ・デリ
Restaurants・Cafes・Deli
高層レストラン
Sky View Restaurants
ショップ・サービス・メディカルサービス
Shops・Service・Medical Service
旧新橋停車場
Old Shimbashi Station

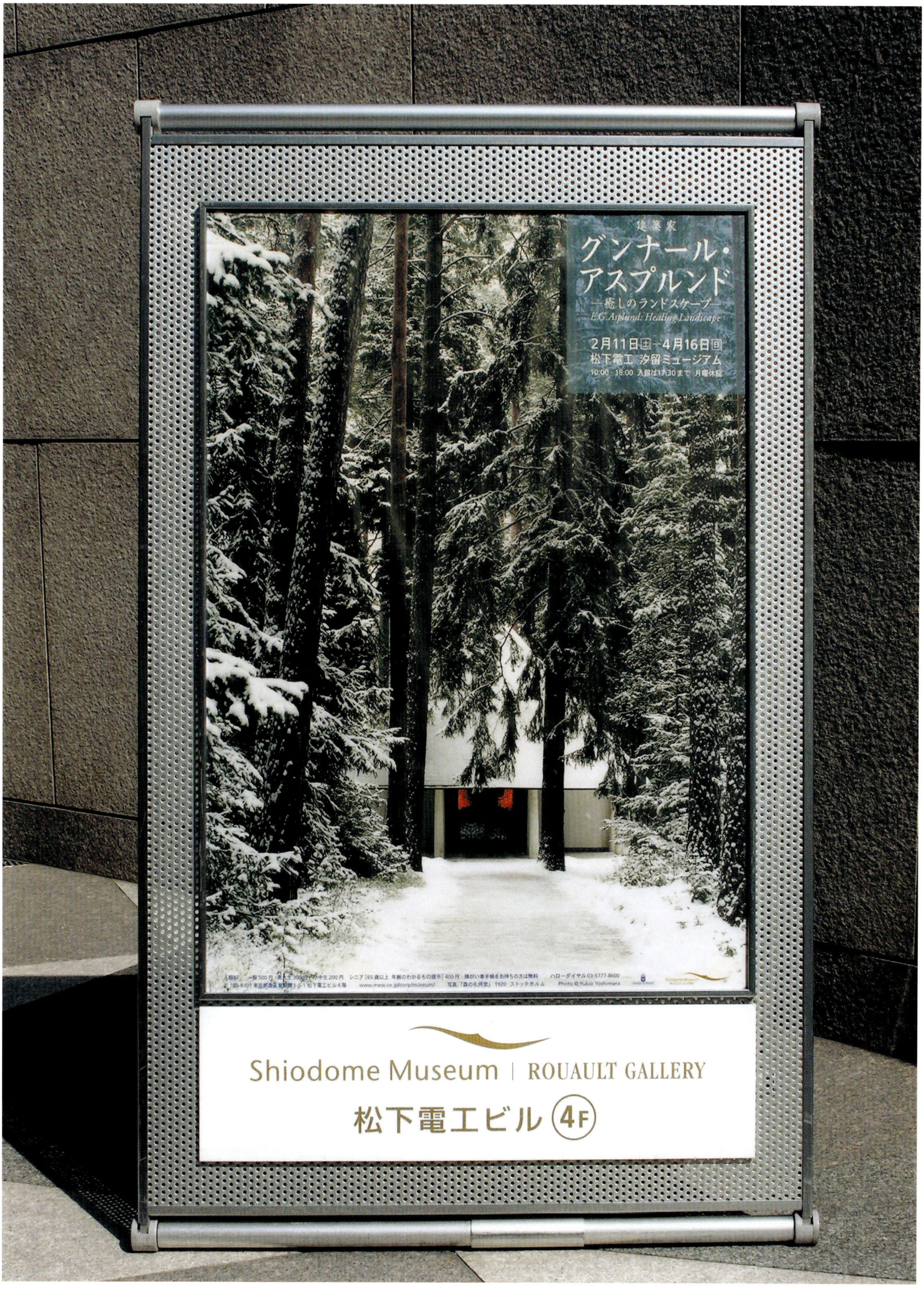
建築家
グンナール・
アスプルンド
—癒しのランドスケープ—
E.G.Asplund: Healing Landscape
2月11日㊏–4月16日㊐
松下電工 汐留ミュージアム
10:00–18:00 入館は17:30まで 月曜休館
ハローダイヤル 03-5777-8600
www.mew.co.jp/corp/museum/
写真「森の礼拝堂」1920 ストックホルム
Photo © Yukio Yoshimura
Shiodome Museum | ROUAULT GALLERY
松下電工ビル 4F

東海道・山陽新幹線のりば
(新幹線・日本橋口)
Tōkaidō, Sanyō Shinkansen Tracks
日本橋口
東海道・山陽新幹線
Tōkaidō, Sanyō Shinkansen
Nihombashi Entrance

東京メトロ
Tokyo Metro
三越前駅
Mitsukoshimae Sta.
B1
銀座線
Ginza Line
半蔵門線
Hanzomon Line

メガネ・パリ

東京メトロ
Tokyo Metro

アメリカンファーマシー
デジタルステーション丸の内
ポスタルショップ
スターバックス コーヒー
三菱東京UFJ銀行
ATMコーナー

皇居外苑
JR有楽町駅
大手町駅
JR東京駅
220m

SHOPS & RESTAURANTS

終日禁煙
NO SMOKING
地下鉄
きっぷ
うりば

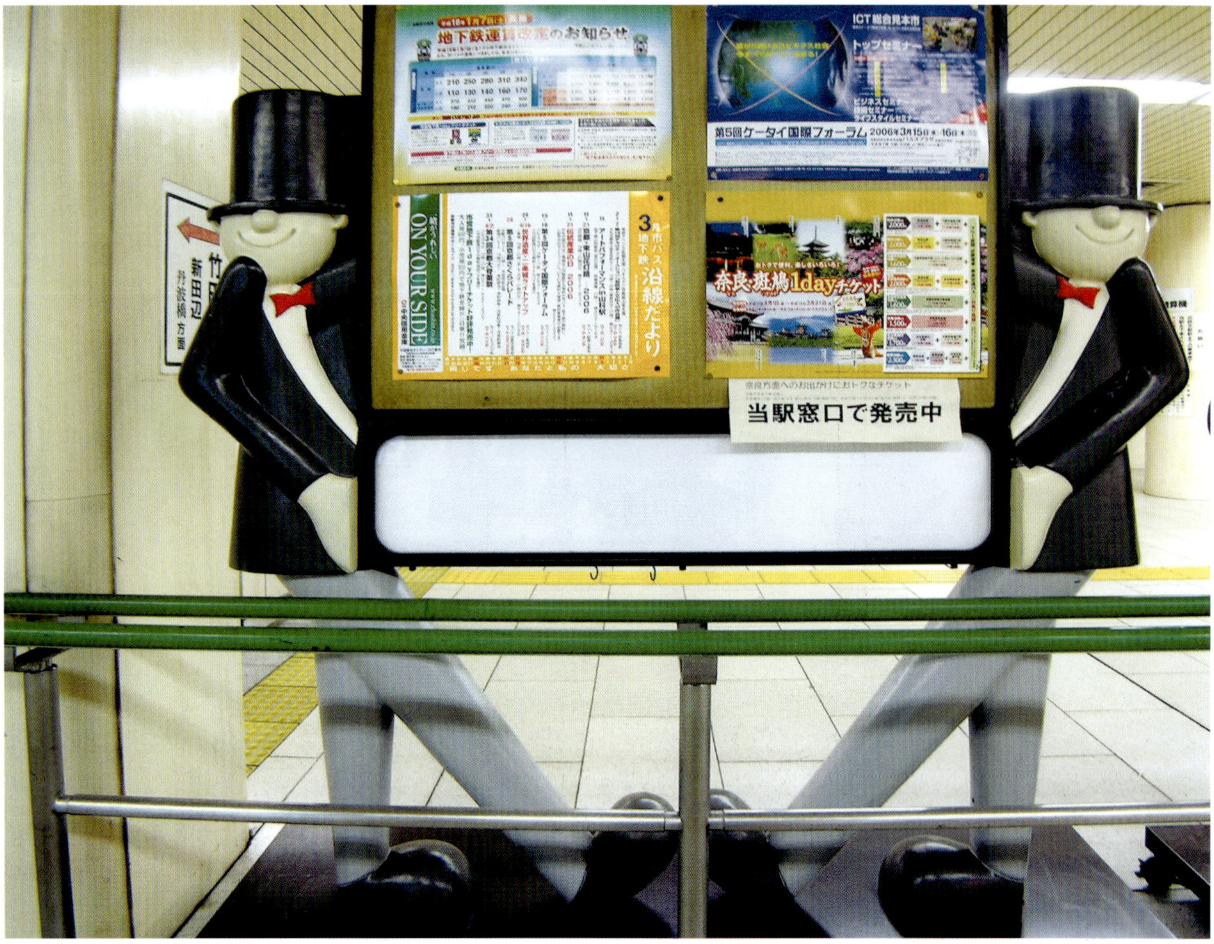
地下鉄運賃改定のお知らせ
ICT総合見本市
トップセミナー
第5回ケータイ国際フォーラム
ON YOUR SIDE
市バス 地下鉄 沿線だより
奈良・斑鳩1dayチケット
奈良方面へのお出かけにおトクなチケット
当駅窓口で発売中

南北自由通路
Pedestrian Walkway
JR線(西口)
JR Lines West Gate
新幹線
Shinkansen
八条西口
Hachijō West Gate
ジェイアール京都伊勢丹
JR KYOTO ISETAN
近鉄電車
Kintetsu Railway
地下街ポルタ
Shopping Mall "Porta"
定期観光バス
Sightseeing Bus
駅レンタカー
Car Rental
JR線(中央口)
JR Lines Central Gate
きっぷうりば
Tickets
お手洗
Lavatory
鉄道案内所
Railway Information
駅ビルインフォメーション
Bldg. Information
市観光案内所
専門店街ザ・キューブ
Shopping Mall "The CUBE"
バス
Bus
バス総合案内所
Bus Information

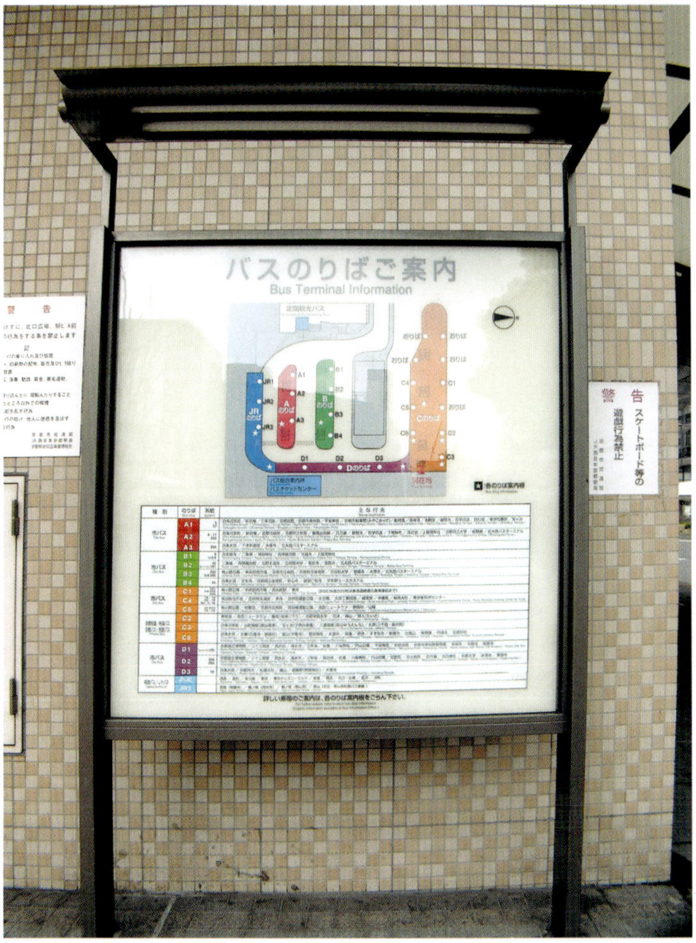
バスのりばご案内
Bus Terminal Information
警告
スケートボード等の遊戯行為禁止

Porta
京都駅前地下街
JR線
JR Lines
地下鉄
Subway

JR 京 都 Kyoto Station

JR線(西口)
JR Lines West Gate
新幹線
Shinkansen
近鉄電車
Kintetsu Railway
八条西口
南北自由通路
Pedestrian Walkway
駅ビルインフォメーション
Bldg. Information
市観光案内所
(2階)
旅券事務所・府観光情報センター
Pedestrian Walkway / Passport Center / Kyoto Tourist Federation
ハートプラザKYOTO・府国際センター・美術館「えき」
Heart Plaza KYOTO / Kyoto Pref. International Center / Museum「EKI」
(2階)
室町小路広場　大階段　大空広場
Muromachi Square / Daikaidan / Sky Garden
南遊歩道　南広場　空中径路
South Promenade / South Square / Skyway

空中径路
Skyway
東広場
南広場
South Square
烏丸小路広場
ホテルグランヴィア京都
HOTEL GRANVIA KYOTO
JR線(中央口)
自動きっぷうりば
Ticket Vending Machines
JR京都忘れ物センター
Lost & Found
きっぷうりば
交番
KOBAN
京都劇場
KYOTO THEATER

小田原
東口
Exit(East)
タクシー
Taxi
バス
Bus
大雄山線
Daiyuzan Line
エレベーター
Elevator
小田急線
Odakyu Line
箱根登山線
Hakonetozan Line
新幹線
Shinkansen
市民窓口
Residents' Information Service
エレベーター
Elevator
西口
Exit(West)
タクシー
バス
小田急線
Odakyu Line
箱根登山線
Hakonetozan Line
新幹線
Shinkansen
エレベーター
Elevator
市民窓口
Residents' Information Service
西口
東海道線
Tokaido Line
Suica が便利です!
小田原城
箱根方面バス

きた東口 B
N. passage
East Exit B
きた東口 C
N. passage
East Exit C
東口バスターミナル
East Bus Terminal
TAXI
YCAT

京急線 JR線 東急東横線 みなとみらい線 相鉄線 市営地下鉄
Keikyū L. JR L. Tōkyū L. Minatomirai L. Sōtetsu L. Subway

東急東横線
Tōkyū L.
相鉄線
Sōtetsu L.
みなとみらい線
Minatomirai L.
市営地下鉄
Subway

9·10
相模大野
新宿
千代田線
方面
for Sagami-Ono
Shinjuku
Chiyoda Line

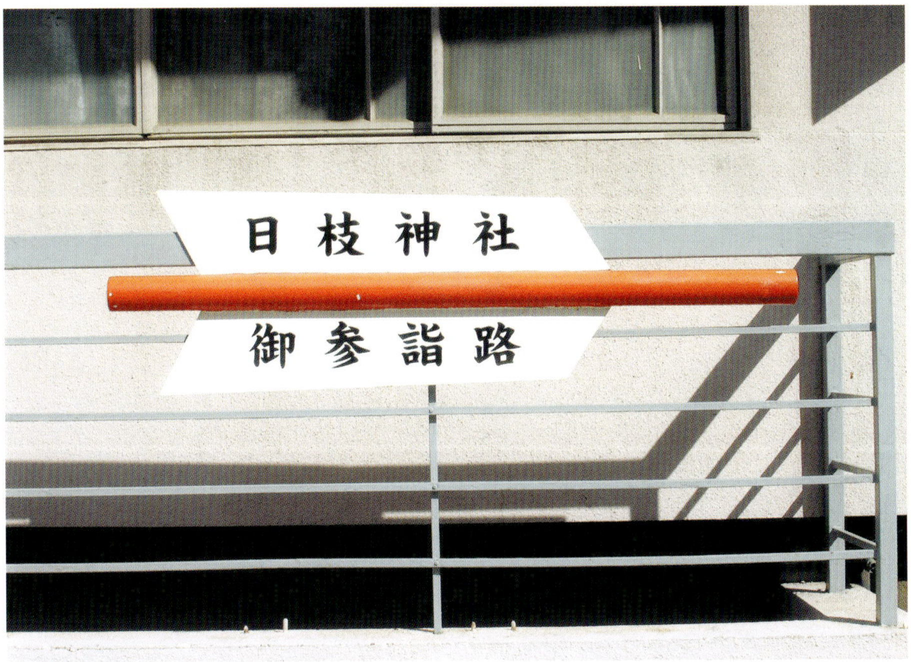
日枝神社
御参詣路

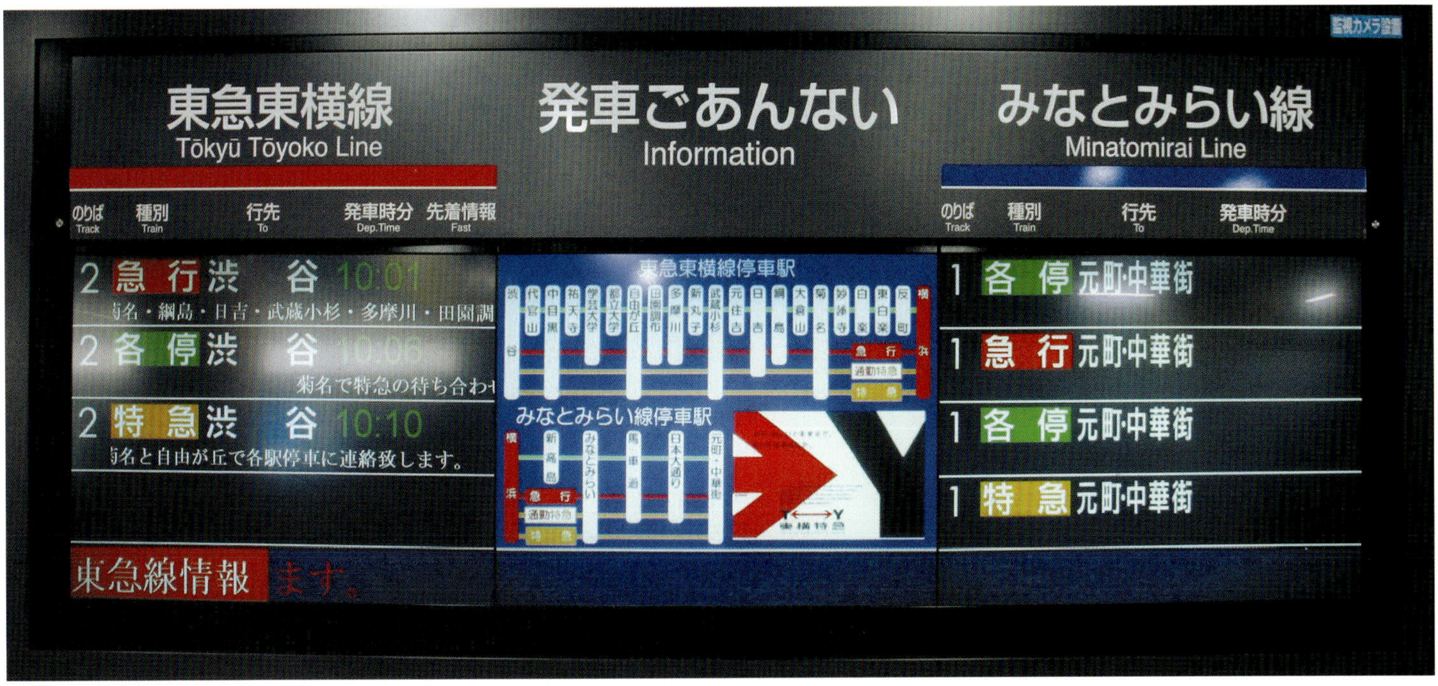
監視カメラ設置
東急東横線
Tōkyū Tōyoko Line
発車ごあんない
Information
みなとみらい線
Minatomirai Line
のりば Track
種別 Train
行先 To
発車時分 Dep.Time
先着情報 Fast
2 急行 渋谷 10:01
2 各停 渋谷
菊名で特急の待ち合わせ
2 特急 渋谷 10:10
名と自由が丘で各駅停車に連絡致します。
東急東横線停車駅
みなとみらい線停車駅
急行
通勤特急
特急
東横特急
1 各停 元町·中華街
1 急行 元町·中華街
1 各停 元町·中華街
1 特急 元町·中華街
東急線情報
ます。

東急東横線　みなとみらい線
Tōkyū L.　Minatomirai L.

出入国ロビー
DEPARTURE/ARRIVAL LOBBY
カフェ・ショップ
CAFE · SHOP

大さん橋ホール
OSANBASHI HALL
レストラン・カフェ
RESTAURANT · CAFE

5
スロープ
RAMP

新宿三井ビル Shop Information
Restaurant
Gallery/Shop
Medical Service
Public Service
Sizzler
Canon
キヤノン販売 1F
epSITE
エプサイト 1F
ウェスタリア
PENTAX
フォーラム 1F
KATO
BARBER SHOP
理容 カトー 4F
Dental Clinic
かちどき薬局
三井店 4F
極東証券
極東証券 1F
三井住友銀行
郵便局
FUJITSU
日産レンタカー 1F

新宿三井ビル Shop Information
Restaurant
聘珍樓
HEICHINROU
広州名菜
聘珍樓 54F
季膳房
ランチ＆居酒屋
季膳房 3F
Royal Host
ロイヤルホスト 1F
ANDERSEN
Bakery & Sandwich Cafe
アンデルセン B1F
寿司田 B1F
日本料理
兆一
兆一 B1F
ガッツ・グリル B1F
Royal Deli
ロイヤルデリ B1F
新宿三井クラブ
SHINJUKU MITSUI CLUB
会員制
新宿三井クラブ 54F
Sizzler
シズラー Lb(2)F
ブルック
カレーとサンドイッチの店
ブルック 1F
中国酒家
55 楼菜館
中国酒家
55楼菜館 B1F
そじ坊
信州そば処
そじ坊 B1F
ドトールコーヒーショップ
コーヒーショップ
ドトールコーヒー B1F
サンマルクカフェ
コーヒーショップ
サンマルク・カフェ B1F
Chowder's
スープ＆ジェラート
チャウダーズ B1F
Gallery/Shop
Medical Service
Public Service
Canon
epSITE
PENTAX
KATO

レストラン・バーご案内
RESTAURANT & BAR
INFORMATION
新宿第一生命ビルディング
SHINJUKU DAI-ICHI SEIMEI BLDG.
新宿第一生命ビルディング
SHINJUKU DAI-ICHISEIMEI BLDG.
センチュリー・ハイアット東京
CENTURY HYATT TOKYO
INFORMATION
センチュリー・ハイアット東京
CENTURY HYATT TOKYO

2
3
4
エレベーター
Implant Center KAMAKURA
TANAKA
DENTAL
ONARI
TEL.0467-24-0882
TOP ART KAMAKURA
絵画材料・額縁・額装
トップアート鎌倉
0467-24-8540
スタッフ募集
カットハウス
popin
画材
額縁
額装
田中歯科御成町

CENTURY HYATT
3F
3F
3F
みやこ
3F
Eau de Vie
CENTURY HYATT
CENTURY HYATT
1F
Opening next Spring ...
2F
Boulogne
2F
CENT DEUX
CENTURY HYATT

Hiltopia
HILTOPIA
WINTER FESTA
2005
ウインター抽選会　12月16日（金）～12月25日（日）
1　等：ヒルトピア・ヒルトン東京共通ご利用券3万円分
特別賞：ヒルトン東京ご宿泊券
Hiltopia
SHOP & RESTAURANT
www.hiltopia.com

SHOP & RESTAURANT
Hiltopia
www.hiltopia.com
Welcome to Hiltopia!
地下鉄入口 地下鉄 SUBWAY IN
丸の内線 Marunouchi Line. 西新宿駅 Nishi-shinjuku Sta.
大江戸線 Oedo Line. 都庁前駅 Tocho-mae Sta.

& Bar
"Checkers" Brasserie 2F
ブラセリー「チェッカーズ」
"Twenty One" French Dining by Stéphane Gaborieau 2F
「トゥエンティ ワン」フレンチ・ダイニング
"Dynasty" Chinese Restaurant 2F
"Musashino" Japanese Restaurant 2F
"Teppan Grill" Teppanyaki 2F
鉄板焼レストラン「鉄板グリル」
"Marble Lounge" 1F
「マーブルラウンジ」
"St. George's Bar" 1F
「セント・ジョージ バー」

ショップ&レストラン
Shop & Restaurant Guide
西新宿三井ビルディング
Nishi - Shinjuku Mitsui Bldg.
ampm
24OPEN
西新宿三井ビル店
1F
EPSON
1F
STARBUCKS COFFEE
1F
一番どり
2F
田んぼ
ショップ&レストラン
Shop & Restaurant Guide
1·2階ご案内
Floor Information
2F
BELLINI CAFFÈ
マクドナルド
ハンバーガー
1F
Nishi Shinjuku Mitsui Building
ORANGE NET
英会話
PLS.
English School
English for Business
梓
AZUBA

ショップ&レストラン
一番どり
2F
おひつ膳
田んぼ
2F
ORANGE NET
英会話
EFB
PLS.
English School
English for Business
2F
梓
AZUBA
2F
STARBUCKS COFFEE
1F
マクドナルド
ハンバーガー
1F
ampm
24OPEN
西新宿三井ビル店
1F
BELLINI CAFFÈ
1F
EPSON
1F
P

restaurant
& shop
B1·B2F
clinic
cafeteria
4·5F
sky
restaurant
49·50F
SHINJUKU
NOMURA
BUILDING

ホテルオークラ スカイレストラン
Wine & Dining Duke デューク
中国料理 桃里 TOH-LI
50F
土佐料理
50F
SUSHI KUROSE
B2F
あっぱれ讃岐
Sa-Nu-Ki
B1F
Nathan's
A NEW YORK TRADITION SINCE 1916
B1F
LA BETTOLA
per tutti
B1F
DRUG STORE
薬
新宿野村ビルドラッグストア
B2F
インド式カレー
夢民
(む－みん)
B2F
Shinjuku west
BALI Lax
THE GARDEN
B1F
am pm
B1F
八丈島
ゆうき丸
B2F
語らい処
坐・和民
わたみ
B2F

江戸百景…
旬の魚と旨い酒
三代豊國

すしや通り
すしや通り
ROX

Rambling Terrace
ViNAWALK
Ebina
歯科
駅前留学
NOVA
こども駅前留学
NOVA KIDS

7F 和　食　ごはんや隅田川
Japanese-style Restaurant GOHANYA SUMIDAGAWA
営業時間 11：00～21：00／オーダーストップ 20：00
7F カフェ　カーディナス
Cafe CARDENAS
営業時間 9：30～18：00
オーダーストップ閉店30分前
1F 5F ミュージアムショップ
Museum Shop
2F カフェ&レストラン　モア
Coffee&Restaurant MOI
営業時間 11：00～18：00（木・金）11：00～20：00
オーダーストップ閉店30分前
1F 洋　食　東京モダン亭
Western-style Restaurant TOKYO MODERN TEI
営業時間 11：00～20：00（木・金）11：00～22：00
オーダーストップ閉店30分前
1F 墨田区文化観光コーナー
Sumida Corner
1F 甘味処　三味讃歌
Coffee Shop SANMI SANKA
江戸東京博物館
EDO-TOKYO MUSEUM
江戸東京博物館
EDO-TOKYO MUSEUM
ショップ・レストラン
Shops & Restaurants

結月庵
2F
M
LOUNGE
am
pm
Clinic
歯科室
大和証券
Daiwa Securities
1F
大和証券
Daiwa Securities
1F

ViNAWALKRESTAURANT
セラドン
創作オムライス
ポムの樹
ピエトロ
SPIGA
西安餃子
SHI-AN GYOZA
新宿 とんかつ
さぼてん
はん
お好み焼き・鉄板焼
okonomi-yaki
そじ坊
えぼし
レストラン
グルメドール
OPEN
AM 11:00
PM 11:00
ViNAWALKRESTAURANT

CREATIVE LIFE STORE
TOKYU
HANDS
B&D
SPORTS PRO SHOP
Right-on
JEANS AND CASUAL
3F
Tahara
SOUND
COMMUNICATIONS
DISTRIBUTOR

レストラン街
B1F
ITALIAN CHINESE INDIAN and JAPANESE FOOD
GRAND-BACK
BIG & TALL
大きいサイズの専門店

F.O.B COOP
CAFÉ de F.O.B
F.O.B HOMES

並木通りビル
Shop
Cafe
Restaurant
Live Bar
TAACOBA
SADEU
CATHAY PACIFIC
CATHAY PACIFIC
Afternoon Tea

caretta
SHIODOME
カレッタ汐留　テナントのご案内
カレッタ汐留
B2F
スカイレストラン
46-47F
caretta
SHIODOME

B1F
CARETTA MALL
FLOOR DIRECTORY
地下1Fのご案内
●文化施設
CULTURE
●ショップ
SHOP
●サービス
SERVICES
RESTAURANTS & CAFES
FLOOR DIRECTORY
ADMT
glam
caretta
SHIODOME

B1F
みんなおいしい

1F Kitchen Street

黒塀横丁
黒塀横丁
【営業時間 11:00~23:00】
串はん
羅かん(らかん)
天津飯店
はな紋
銀座ハゲ天
バーバー東京
龍潭(りゅうたん)
ごはん処
為御菜(おさいのため)
吾照里(オジョリ)
日本橋 古都里(ことり)

黒塀横丁

SHOPS & RESTAURANTS
Saboten
OPAQUE

京福電車 嵐山駅
はんなりほっこり
スクエア
周辺施設のご案内
Arashiyama area information
渡月橋
Togetsu-kyo Bridge
180m
天竜寺
Tenryuji Temple
50m
野宮神社
Nonomiya Shrine
500m
嵯峨野 竹林めぐり
bamboo forest walk
300m
中之島公園
350m
亀山公園
阪急嵐山駅
JR嵯峨嵐山駅
トロッコ嵯峨駅
Truck Saga Station
650m
ぶらり嵐山（京都府）
Burari Arashiyama
150m
嵐山商店街
Arashiyama Shopping district
600m

喫煙コーナー

No Smoking

歩きたばこ
ポイ捨て 禁止です
中央区条例
CHUO CITY

猿に餌をやらないでください。
小田原市野猿対策協議会

鎌倉 海・浜のルール
浜を利用するみなさまへ
しない DON'T
注意 CAUTION
守る KEEP
海を利用するみなさまへ（水上オートバイ・ウィンドサーフィンなど）
しない DON'T
注意 CAUTION
守る KEEP
水難事故が発生した場合の緊急連絡先
湘南海上保安署 0466-22-4999
鎌倉警察署 110
鎌倉市消防本部 119
海の緊急連絡 118
協力機関
湘南海上保安署・鎌倉警察署・神奈川県・鎌倉市消防本部
鎌倉マリンスポーツ連盟・鎌倉漁業協同組合・腰越漁業協同組合
鎌倉商工会議所・鎌倉市観光協会・鎌倉市海水浴場運営委員会
かながわ海岸美化財団・鎌倉市自治町内会総連合会
サーフ90鎌倉ライフセービングクラブ
鎌倉市
TEL. 0467(23)3000

小田原市
まちをきれいに
ゴミを
捨てるな
ダメ

はいらない

路上喫煙禁止
千代田区

自転車等
放置禁止区域
町田市

おしっこ、ふんも
させないで!!

ゴミは持ち帰りましょう
ゴミ
837-12

フンの
しまつは
自分で
しよう

この広場及び通路等は、地区の環境改善・向上に資する施設計画の有効な空地とし、東京都再開発地区計画運用基準に基づき設けられたものです。歩行者が日常自由に通行、又は利用できるものです。
この区域における建築物は、建築基準法第86条第1項の規定に基づき認定を受けたものです。
認定年月 平成14年11月
認定番号 14都市建指認 第62号
建築主氏名 アルダニー・インベストメンツ・ピーティーイー・リミテッド 東京支店
日本における代表者 ケン・チャン・チェン・ウェイ
三井不動産株式会社
代表取締役社長 岩沙 弘道
松下電工株式会社
代表取締役社長 畑中 浩一
管理責任者 三井不動産株式会社
汐留シティセンターオフィス TEL03-5568-6455
東京都都市計画局
下記の標示は、東京のしゃれた街並みづくり推進条例に基づき、東京都知事に登録されたまちづくり団体が計画的に活用する区域を示しています。
平成15年12月1日
まちづくり団体の名称 有限責任中間法人 汐留シオサイト・タウンマネージメント
まちづくり団体の連絡先 港区東新橋2-6-6 TEL03-5777-2039
まちづくり団体による公開空地等の活用期間 平成15年12月1日～平成18年11月30日
東京都都市整備局
広場状空地
活用する公開空地等
City Center
当敷地内では以下の事項及び管理側で規定する禁止事項他人に迷惑を及ぼす行為を禁止しております。
自転車乗入禁止
バイク乗入禁止
スケートボード
キックボード禁止
許可無販売行為禁止
寝転がり,寝込み,車座禁止
許可無撮影禁止
ゼッケン着用・旗竿持込禁止
集会行為禁止
シュプレヒコール禁止
許可無イベント開催禁止
許可無配布行為禁止
喫煙禁止
(所定の場所以外)
飲酒禁止
ペットの散歩禁止
池進入禁止
汐留シティセンターオフィス

禁煙
NO SMOKING
火気厳禁
OPEN FLAMES PROHIBITED
危険物品持込み厳禁
HAZARDOUS MATERIALS PROHIBITED

お願い
終日禁煙
NO SMOKING
駅構内は禁煙です。
お客さまのご協力をお願いいたします。
東急電鉄

ゴミハ
モチカエル。
Please Take Your Trash Home
横須賀市・クリーンよこすか市民委員会
ポイ捨て防止及び環境美化を推進する条例施行

ゴミヲ
ステナイデ。
Please Don't Litter
横須賀市・クリーンよこすか市民委員会
ポイ捨て防止及び環境美化を推進する条例施行

FISHING PROHIBITED
高波に注意!
BE CAREFUL OF A BILLOW

県立七沢森林公園を利用するみなさまへ
ゴミは持ち帰りましょう。
動植物を採ってはいけません。
自転車などの乗り入れは禁止です。
モノを売ってはいけません。
たき火、火遊び、たばこの投げ捨ては禁止です。
犬の放し飼い、フンの放置はやめましょう。
公園職員の指示に従ってください。
神奈川県厚木土木事務所
(財)神奈川県公園協会

高波に注意してください!
BE CAREFUL OF A BILLOW
下段部は滑りやすいので注意してください!
CAUTION! SLIPPERY SURFACE
石積み部は隙間が多く危険です!
NO ENTRY STONE-FINISHING AREA

ゴミは捨てずに持ち帰りましょう。
みんなの施設です。大切に使いましょう。
火遊びや花火はしないで下さい。
木や花を取らないで大切にしましょう。
他人の迷惑になる行為はやめましょう。
砂場で遊んだあとは、必ず手を洗いましょう。
千代田区公園河川課

あぶない!!
ここでゴルフや野球を
してはいけません

開館時間
open
9:00〜21:30
9:00
21:30
館内には入れません
エレベータ使用できません
開　館
館内には入れません
エレベータ使用できません
(社) 横浜港振興協会　大さん橋客船ターミナル事務所
ターミナル内に動物を携行することは
他人の迷惑になったり、衛生管理上支障が
ありますのでご遠慮願います。
(但し、盲導犬・介助犬・聴導犬を除く)
NO ENTRY WITH PETS
横浜市港湾施設使用条例施行規則第54条
横浜市港湾局ふ頭事務所長

フンは後始末を!
散歩中のフンは飼い主が責任をもって
あとかたづけをしよう
他人に危害のないように気をつけよう
茅ケ崎市

週刊文春
Number
CREA
小川《かわ》町《まち》三《さん》丁目(西部)
Ogawamachi 3-chome (Western district)
In the Edo Period, the name Ogawamachi was used to indicate a huge area comprising the western side of Kanda. The name came from a body of water in the area, which was featured in a poem written by a famous warlord. In the Meiji Period, there were several schools here, as well as entertainment places for students.
千代田区町名由来板

東京市道路元標

凧・浪兎
江戸凧三代
橋本禎造 作

一般国道八王子道路元標

里程標
横浜市 二九粁
甲府市 一三一粁
名古屋市 三七〇粁
京都市 五〇三粁
大阪市 五五〇粁
下関市 一、〇七六粁
鹿児島市 一四六九粁

明暦の大火(1657年)は江戸の市街の大半を焼失し
10万余の死者を出した　その際このあたりで逃げ
場を失って焼死する者が多数出た　このため対岸
への避難の便を図り両国橋が架けられた　隅田川
は当時武蔵下総両国の境界をなしていた　また延
焼防止のため橋に向かう沿道一帯を火除け地に指
定し空き地とした　やがてこれが広小路となり
江戸三大広小路の一つとして上野浅草に並び称せ
られる盛り場に発展した　明治維新のころここに
は新柳町元柳町横山町吉川町米沢町薬研堀町若松
町があったが　昭和7年合併して日本橋両国とな
り現在に及んだ　維新後百年を経た今日　まちの
近代化はめざましく　広小路や両国の名も過去の
ものとして忘れ去られようとしているが　300年
前火除け地が設定され　これが広小路に発展して
行った事跡のなかには　先人の英知と努力が偲ば
れてまことに意義深いものがある　ここに由緒あ
る両国広小路の旧跡を永く保存するため　町会の
総意により　この碑を建てた
昭和44年11月3日
中央区日本橋両国町会　建碑
施工 青山 石勝ガーデン

旧跡
両国広小路
日本橋北
内神田
両國濱町
明細繪圖

国指定史跡・江戸城外堀跡
江戸城周辺には、川や谷、台地等の自然地形をたくみに利用し、きずかれた、内堀・外堀・見付と呼ばれる城門・土手など、市中を外敵から守る施設があった。昭和31年、江戸の面影を残す地域として、赤坂・飯田橋までの外堀を国の史跡に指定し、文化遺産として、後世に受けつぐ事となった。
寛永13年（1636年）頃の江戸城外郭
1 牛込門
2 市ヶ谷門
3 JR飯田橋駅
4 JR市ヶ谷駅
5 四谷門
6 赤坂門
8 JR浜松町駅
水辺の鳥
●カイツブリ（カイツブリ目・カイツブリ科）
●コアジサシ（チドリ目・カモメ科）
●ダイサギ（コウノトリ目・サギ科）
●ユリカモメ（チドリ目・カモメ科）
●カルガモ（ガンカモ目・ガンカモ科）
●トキ（コウノトリ目・トキ科）
〈水・水辺〉

千代田区町名由来板
麹《こうじ》町《まち》六《ろく》丁《ちょう》目《め》

広重　拾貮　木曽海道六拾九次之内　新町

栗橋町総鎮守
八坂神社 縁起
御祭神 素盞嗚命
平成二年御大典記念
栗橋町氏子一同

「江戸《えど》時代《じだい》の仙台藩上屋敷表門跡《せんだいはんかみやしきおもてもんあと》」
ここは、汐留遺跡《しおどめいせき》の発掘調査《はっくつちょうさ》によって、仙台藩上屋敷《せんだいはんかみやしき》の表門《おもてもん》の遺構《いこう》が発見《はっけん》された場所《ばしょ》である。
寛永《かんえい》十八年《ねん》（一六四一）に設《もう》けた屋敷《やしき》は、当初下屋敷《とうしょしもやしき》として用《もち》いられたが、延宝《えんぽう》四年《ねん》（一六七六）には上屋敷《かみやしき》となり、以後幕末《いごばくまつ》まで仙台藩《せんだいはん》の江戸《えど》における拠点《きょてん》となった。
元禄《げんろく》十五年《ねん》（一七〇二）十二月《がつ》十五日《にち》、本所吉良邸《ほんじょきらてい》において、主君浅野内匠頭長矩《しゅくんあさのたくみのかみながのり》の仇討《あだう》ちを成《な》し遂《と》げ、その墓所高輪泉岳寺《ぼしょたかなわせんがくじ》へ向《む》かう赤穂浪士《あこうろうし》は、この場所《ばしょ》で粥《かゆ》のもてなしを受《う》けたといわれる。あたかもレトルト食品《しょくひん》のように瞬《またた》く間《ま》に作《つく》られた粥《かゆ》は、仙台名産《せんだいめいさん》の仙台糒《せんだいほしいい》（粳米《うるちまい》を蒸《む》して乾燥《かんそう》させた保存食《ほぞんしょく》）であった。
仙台市
日本テレビ
Front Gate of Sendai Han's Residence in Edo Period
「江戸勝景《えどしょうけい》 芝新銭坐之図《しばしんせんざのず》」
（歌川広重作《うたがわひろしげさく》 天保《てんぽう》6～8年《ねん》（1835～1838））
この図《ず》に描《えが》かれる冠木門《かぶきもん》の基礎《きそ》の木組《きぐ》み遺構《いこう》が発見《はっけん》された。
伊達家より家紋使用許可済

巣鴨庚申塚
江戸の名所
巣鴨の中山道沿いにある庚申塚は、江戸時代から近郷近在に聞こえた名所でした。江戸と板橋宿との間にあり行き交う旅人たちで賑わっていたと伝えられ、その様子は「江戸名所図会」にも描かれています。現在では、特に庚申の日ともなると、近くの「とげぬき地蔵（高岩寺）」の縁日（毎月四の日）と同様に多くの参拝者があります。庚申塚では町内会の人たちが、参拝者に対し、季節ごとに趣向をこらした食事を作ってもてなしています。
「江戸名所図会」のなかの茶店の屋根の葭簀（よしず）の上に見える石塔は、庚申塚のいわれを裏付けるものです。
現在、この石塔は当地の小さな社に鎮座し、その銘文によれば一六五七（明暦三）年に造立されたものということがわかります。これより以前、一五〇二（文亀二）年に造立されたといわれる石碑がありましたが今はなく、「遊暦雑記」では、この塚の下に埋められていると伝えています。
また、この庚申塚には、お猿さんが祀られているというようにいわれていますが、これは、この巣鴨近辺の有志が、明治初期 千葉県銚子市にある猿田神社から猿田彦大神を分祀したという歴史的事実によるものです。
平成四年三月 豊島区教育委員会発行（石造文化財より）
巣鴨猿田彦大神（庚申堂）奉賛会世話人
庚申塚町会
榎本泰吉
太田義高
三島喜久蔵
仲村喜一
成田弥広
小原精重郎
高森ひさ
鈴木敏一
浦野保男
大野勇
門叶粂吉
岡田健次郎
土屋志づ子
藤田りん子
千原和子
田中長太郎
栄和町会
神谷正夫
竹本正義
福本吉太郎
大久保信
石山公一
小島良昌
大塚元之
御菩薩池花枝
大塚シヅ
巣鴨四丁目協和町会
名取賢一
久保田友永
加藤吉太郎
遠山宏
忍田雅之
上村徳之助
照内義雄
広瀬重達
杉山鈴谷
井上好尉
山内雅晴
池田尚弘
中村和子
君島つや子
折戸協和町会
佐野隆光
山田和夫
前田隆司
尾見誠一
井澤清
鈴木健三郎
池田金之助
前田寿美子
寿川富美子
奉賛会
会長 榎本泰吉
天祖神社
宮司 高島俊彦
大滝教会
代表 飯島寿門

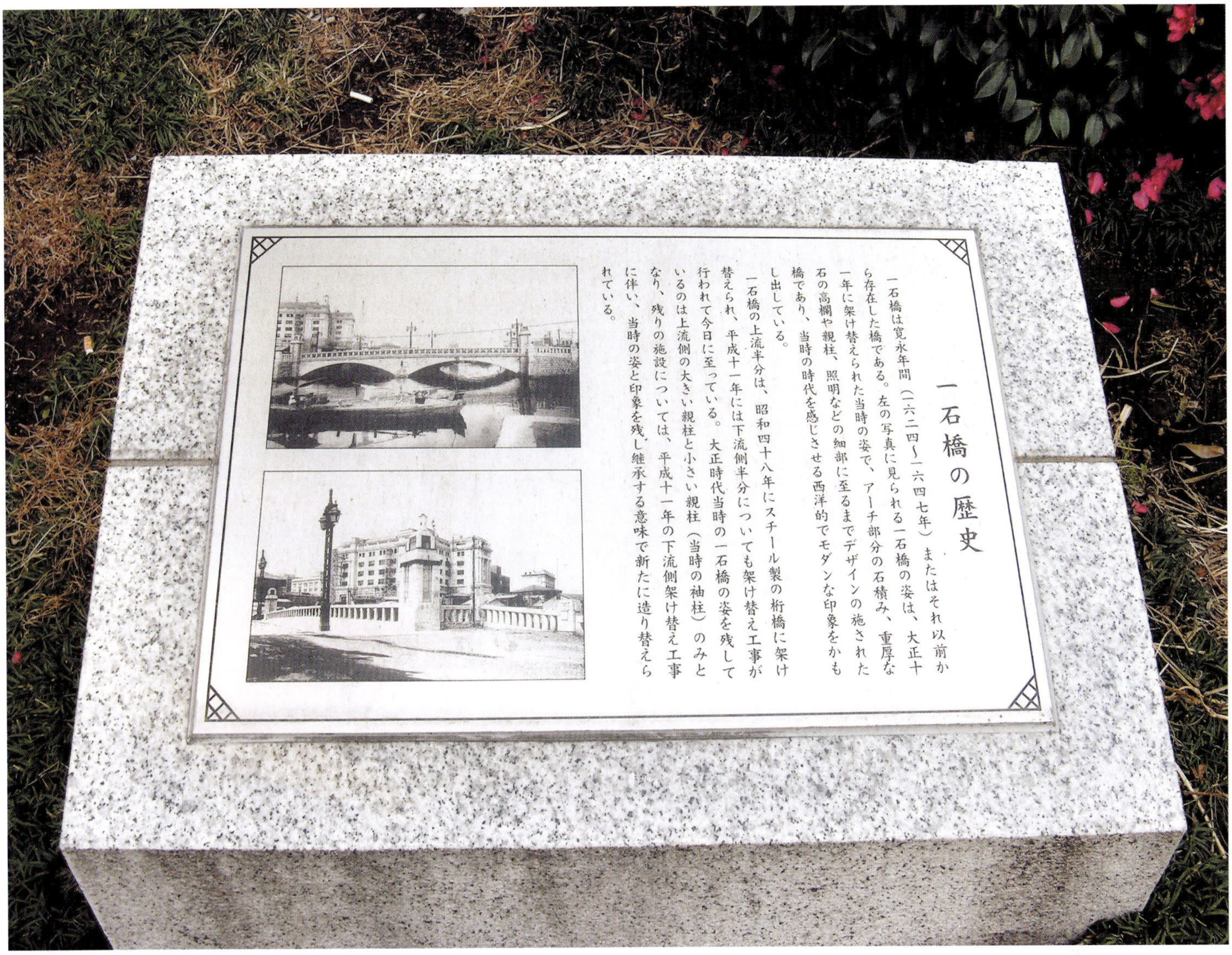
一石橋の歴史
一石橋は寛永年間（一六二四〜一六四七年）またはそれ以前から存在した橋である。左の写真に見られる一石橋の姿は、大正十一年に架け替えられた当時の姿で、アーチ部分の石積み、重厚な石の高欄や親柱、照明などの細部に至るまでデザインの施された橋であり、当時の時代を感じさせる西洋的でモダンな印象をかもし出している。
一石橋の上流半分は、昭和四十八年にスチール製の桁橋に架け替えられ、平成十一年には下流側半分についても架け替え工事が行われて今日に至っている。大正時代当時の一石橋の姿を残しているのは上流側の大きい親柱と小さい親柱（当時の袖柱）のみとなり、残りの施設については、平成十一年の下流側架け替え工事に伴い、当時の姿と印象を残し継承する意味で新たに造り替えられている。

世界コミュニケーション年記念
1983
WORLD COMMUNICATIONS YEAR 1983

ここに陸蒸気《おかじょうき》の新橋停車場《しんばしていしゃじょう》がありました
旧新橋駅《きゅうしんばしえき》
駅《えき》ホーム跡《あと》を示《しめ》すLED
陸蒸気《おかじょうき》
線路跡《せんろあと》を示《しめ》すLED
現在地《げんざいち》
日本《にほん》テレビタワー
明治《めいじ》5年《ねん》(1872年《ねん》)10月《がつ》14日《にち》に新橋停車場《しんばしていしゃじょう》が開業《かいぎょう》し、新橋《しんばし》〜横浜間《よこはまかん》(現在《げんざい》の桜木町駅《さくらぎちょうえき》)に日本《にほん》で最初《さいしょ》の鉄道《てつどう》が開業《かいぎょう》しました。
開業当時《かいぎょうとうじ》は総延長《そうえんちょう》28.8kmを約《やく》53分《ふん》で結《むす》び、陸蒸気《おかじょうき》と呼《よ》ばれたその列車《れっしゃ》の速度《そくど》は時速《じそく》35kmで「風《かぜ》のごとく火竜《かりょう》のごとし」と驚《おどろ》き恐《おそ》れ
られました。大正《たいしょう》3年《ねん》(1914年《ねん》)12月《がつ》に新橋停車場《しんばしていしゃじょう》は汐留駅《しおどめえき》と名前《なまえ》を変《か》え、貨物専用駅《かもつせんようえき》として昭和《しょうわ》61年《ねん》(1986年《ねん》)まで活躍《かつやく》しました。
日本《にほん》テレビプラザの中《なか》に当時《とうじ》の新橋停車場《しんばしていしゃじょう》のホーム先端《せんたん》があり、その位置《いち》と線路跡《せんろあと》をLED(発光《はっこう》ダイオード)で表示《ひょうじ》しています。

蟲
蟲が鳴いてる
いま ないておかなければ
もう駄目だというふうに鳴いてる
しぜんと
涙をさそわれる
八木重吉

いちこくはし

御幸橋

ようこそ!横須賀へ!
スカレー
WELCOME!!
カレーの街
よこすか

軍艦山城之碑
軍艦山城の艦歴
軍艦山城の戦歴

軍艦長門碑

横須賀や
只帆檣の
冬木立
子規

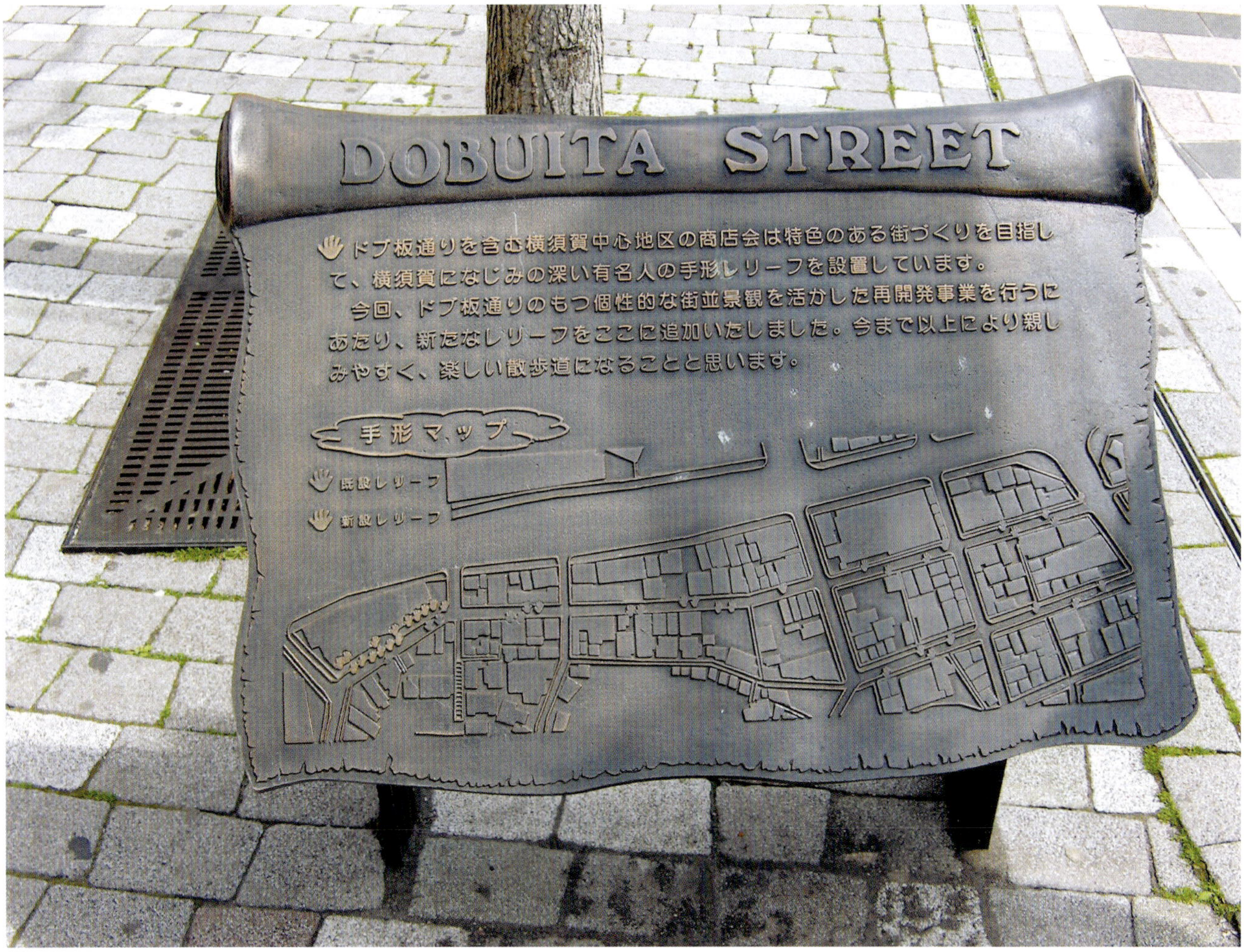
DOBUITA STREET
ドブ板通りを含む横須賀中心地区の商店会は特色のある街づくりを目指して、横須賀になじみの深い有名人の手形レリーフを設置しています。
今回、ドブ板通りのもつ個性的な街並景観を活かした再開発事業を行うにあたり、新たなレリーフをここに追加いたしました。今まで以上により親しみやすく、楽しい散歩道になることと思います。
手形マップ
既設レリーフ
新設レリーフ

ひがしん
P
専用駐車場
Parking for Visitors
江戸東京博物館
EDO-TOKYO MUSEUM
EDO-TOKYO MUSEUM

SHINJUKU
i-LAND
P
小型車 30分 200円

P
IN
3.1m

OUT
24-1

ITOCHU
P
駐車場
Parking
有 料
30分 ¥300
営業時間
AM7:00~PM11:00
シーアイ・プラザ

YM
SQUARE
HARAJUKU
P
400円/30分
月極駐車場
有り
YM
SQUARE
P
空

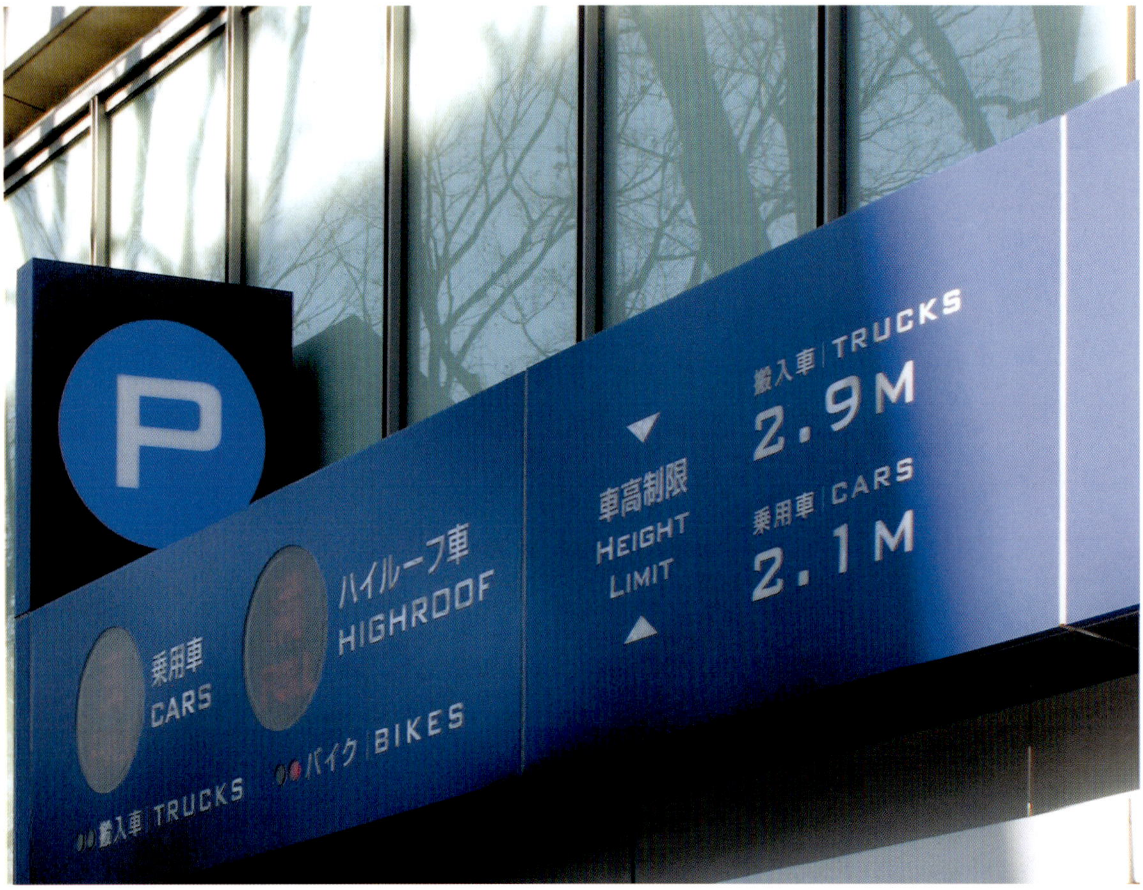
P
乗用車
CARS
ハイルーフ車
HIGHROOF
搬入車 | TRUCKS
バイク | BIKES
車高制限
HEIGHT
LIMIT
搬入車 | TRUCKS
2.9M
乗用車 | CARS
2.1M

Shiodome
City Center
汐留シティセンター
B1Fオフィス車寄せ
B1F Office Entrance
P
空車
ハイルーフ車入庫可
全高 HEIGHT 2,500mm
全長 LENGTH 5,300mm
駐車料金
通常料金 Parking Fees 100円/10分
平日1日料金 One Day Charge a Weekday 2,400円
※当日24時まで、土・日・祝祭日を除く。

P
¥100
/10分
08:00～23:00

STO P ARKING
空車P

P
日本橋三井タワー
NIHONBASHI MITSUI TOWER
駐車場
Parking

P
PARK-IN
丸の内パークイン
丸の内ビル入口
Marunouchi Bldg. In
郵船ビル入口
Yusen Bldg. In
一般車
満車
有料
利用料金 100円/10分
営業時間 6:00–24:00
高さ制限
丸の内ビル
土・日・祝日
最初の1時間
無料
P 出口

P

多賀

博物館駐車場
地下駐車場左下へ
Museum
박물관
入口
P
1
P2
• 近隣のご迷惑にならぬよう
徐行をお願いします。
• 路上駐車はご遠慮下さい。
温泉地学研究所

ショウワパーク藤沢遊行
安心駐車の街づくり
入場時ネコの目看板が
ネコの目
混雑情報
24h
ネコの目看板はこちら
ショウワパーク
ショウワ電技研株式会社
コード番号　010031
割引料金
ネコの目タイムサービス
1日最大1200円
24時間ネコの目時入場者　300円無料
通常料金
1日最大1500円
入場時目が閉じていれば通常料金
24時間を過ぎると打ち切り料金は適用されません
20分 8:00-22:00 100円
60分 22:00-8:00 100円
サービス券販売してます。
ネコの目タイムサービスとは
http://neconome.com

YOKOSUKA
HOUSING CENTER
P
IN

3
番館
エレベーター
ELEVATOR
4番館
4 BANKAN
第1駐車場 P
PARKING-1
6番館
6 BANKAN
第2・3駐車場 P
PARKING-2・3

100
m先
DVD
FedEx Kinko's

入生
100
m先
(株)秋山組
お土産
営業中
P

注意
100
m先
㈱秋山組

落石注意
神奈川県西湘地域
県政総合センター

お願い
御迷惑をおかけ
して居ります
工事中
御協力をお願い致します
㈱秋山組

立入
禁止
ここでは必ず
安全帯を使用せよ

休工中
200
m先
株式会社イワキ工業

立入禁止
㈱塚本工務
立入
禁止
DO NOT ENTER

50
M先
㈱川島建設

この先
工事中
ご協力ください
㈱塚本工務店

岩本町三丁目《いわもとちょうさんちょうめ》
江戸開府400年
岩本町三丁目町会
江戸時代、この界隈《かいわい》を流れる神田川の土手は、柳並木があったことから「柳原土手」と呼ばれていました。岩本町《いわもとちょう》周辺は、江戸城から見れば鬼門《きもん》(北東方向)にあたります。柳森《やなぎもり》神社(現・神田須田町二丁目《すだちょうにちょうめ》)の社伝によれば、太田道灌《おおたどうかん》が鬼門除けに稲荷《いなり》を祀《まつ》り、柳を植えたのが始まりといわれています。
そんな柳原土手に沿った地域に最初に住んだのは、大名や旗本《はたもと》などの武士たちでした。江戸時代の後半になると、商人や職人で町も栄えはじめます。さらに土手の周辺では、古着を扱う露店が集まるようになりました。
その伝統は、明治維新後も引き継がれました。明治十四年(1881)、現在の岩本町三丁目の一部から神田岩本町の一部にまたがる大市場が開設されます。「岩本町古着市場」と呼ばれたこの市場には、多いときには四百軒もの古着屋が軒《のき》を連ねていたと伝わっています。さらに昭和に入ると、町内には四階建てのビルまで登場し、「和泉橋《いずみばし》ダンスホール」が併設されました。
このように洒落《しゃれ》て小粋《こいき》な雰囲気を醸《かも》していた戦前の岩本町ですが、太平洋戦争末期には空襲によって跡形もなく焼き尽くされてしまいました。それでも戦後、この地は「服の町」としてよみがえります。紳士服や婦人服の製造を手がける繊維メーカーが集まってきて、この町でつくられた洋服が全国のデパートのショーウインドーを飾るようになりました。
現在、数こそ減ってきましたが、岩本町三丁目をささえ、町の礎《いしずえ》を築いてきたのは、こうした繊維業者です。日本の繊維産業とともに発展してきた町、それが岩本町三丁目なのです。
Iwamotocho 3-chome
In the Edo Era, this neighorhood was known as Yanagihara-dote, which means "embankment of willow fields," as it was located along the embankment of the Kanda River, at a place where there were many willow trees. It is said that in the hope of driving away evil spirits, a samurai named Ota Dokan built the Inari shrine and planted these trees to the northeast of Edo Castle.
現在地
「岩本町三丁目」界隈（現代）
「岩本町三丁目」界隈（安政三年・1856）

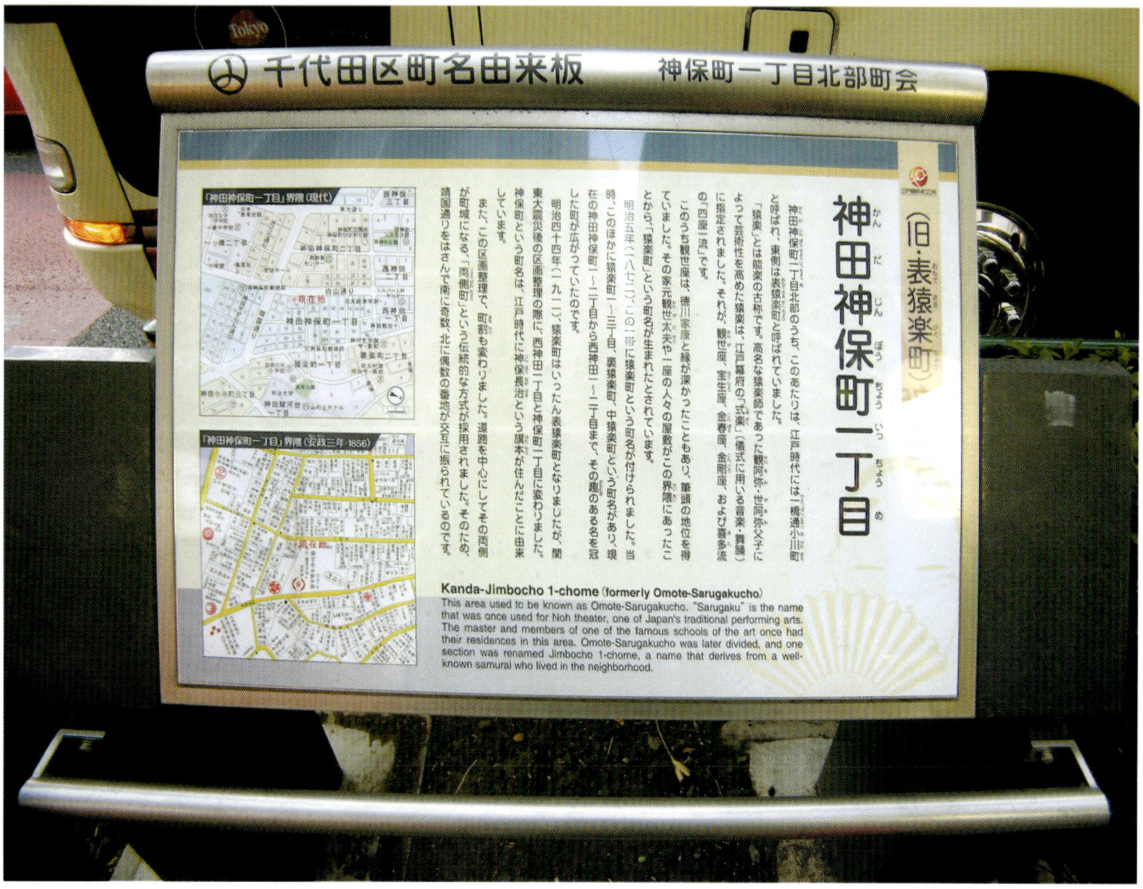

千代田区町名由来板
神保町一丁目北部町会
神田《かんだ》神《じん》保《ぼう》町《ちょう》一《いっ》丁《ちょう》目《め》
（旧・表猿楽町）
神田神保町一丁目北部のうち、このあたりは、江戸時代には一橋通小川町と呼ばれ、東側は表猿楽町と呼ばれていました。
「猿楽」とは能楽の古称です。高名な猿楽師であった観阿弥・世阿弥父子によって芸術性を高めた猿楽は、江戸幕府の「式楽」（儀式に用いる音楽・舞踊）に指定されました。それが、観世座、宝生座、金春座、金剛座、および喜多流の「四座一流」です。
このうち観世座は、徳川家康と縁が深かったこともあり、筆頭の地位を得ていました。その家元観世太夫や一座の人々の屋敷がこの界隈にあったことから、「猿楽町」という町名が生まれたとされています。
明治五年（一八七二）、この一帯に猿楽町という町名が付けられました。当時、このほかに猿楽町一～三丁目、裏猿楽町、中猿楽町という町名があり、現在の神田神保町一～二丁目から西神田一～二丁目まで、その趣のある名を冠した町が広がっていたのです。
明治四十四年（一九一一）、猿楽町はいったん表猿楽町となりましたが、関東大震災後の区画整理の際に、西神田一丁目と神保町一丁目に変わりました。神保町という町名は、江戸時代に神保長治という旗本が住んだことに由来しています。
また、この区画整理で、町割も変わりました。道路を中心にしてその両側が町域になる、「両側町」という伝統的な方式が採用されました。そのため、靖国通りをはさんで南に奇数、北に偶数の番地が交互に振られているのです。
Kanda-Jimbocho 1-chome (formerly Omote-Sarugakucho)
This area used to be known as Omote-Sarugakucho. "Sarugaku" is the name that was once used for Noh theater, one of Japan's traditional performing arts. The master and members of one of the famous schools of the art once had their residences in this area. Omote-Sarugakucho was later divided, and one section was renamed Jimbocho 1-chome, a name that derives from a well-known samurai who lived in the neighborhood.
「神田神保町一丁目」界隈（現代）
「神田神保町一丁目」界隈（安政三年・1856）

KÔMYÔJI TEMPLE
This temple was first built in 1243 by Tsunetoki Hojo the 4th Regent of the Kamakura Feudal Government. The first head Priest of the temple was Ryochu-shonin or Kishuzenji. The temple is one of the head temples of the Pure Land sect of Buddhism. A festival called Ojuya (Ten Night Festival) annually held in October since 1495 is attended by a large number of followers. On this occasion fairs, selling young plants and daily necessaries are held on the Temple ground and attract many people.
光明寺 (こうみょうじ)
天照山蓮華院光明寺と号し、開山は然阿良忠で開基は 四代執権の北條経時と伝えられます。浄土宗の大本山で、もと関東総本山と称しました。この寺で毎年10月12日から15日まで行われるお十夜法要は植木市などがたち有名です。
― 浄土宗 ―
便所
大本山 光明寺
TOILET

飯田町遺跡周辺の歴史
江戸時代以降、この地域には日本橋川や神田川といった河川があり、近くには水道橋の名前の由来となった神田上水が流れていました。もともと、この一帯は神田川下流の平川《ひらかわ》と小石川が合流する地点で、駿河台《するがだい》と麹町《こうじまち》台地に挟まれた低地にあたり、絶えず水害の危険にさらされていた場所でした。
元和《げんな》6年（1620）、幕府は江戸城下の中心部を洪水から守るために、神田川の流路を船河原《ふながわら》橋あたりで東へ曲げて、駿河台を掘りぬく現在の運河「神田川」を切り開きました。この工事によって、それまで日比谷入江《ひびやいりえ》に注いでいた平川を堀留《ほりどめ》（現在の堀留橋）で神田川から切り離し、江戸城外堀としました。「正保《しょうほう》年中江戸絵図」には堀留の北側にも堀が延びており、工事後しばらくはこの付近まで平川の流路が残っていたことを示しています。
平成12年（2000）に行われた飯田町遺跡の発掘調査では、讃岐《さぬき》高松藩上屋敷《かみやしき》跡とともに、江戸時代初期の盛土《もりど》や石垣、板の土留《どど》めの護岸をもつ幅10mの堀が発見されました。この堀は、先の「正保年中江戸絵図」に見える平川流路の名残りと考えられ、明暦《めいれき》3年（1657）の大火直後に埋め立てられたことがわかりました。
その後、神田川や外堀には、水運に利用された多くの河岸が設けられました。明治維新《いしん》後、この地は神田川の対岸を含めて陸軍用地となり、明治28年（1895）には甲武《こうぶ》鉄道飯田町駅が開業、明治36年（1903）には日本橋川を再度開削して神田川に接続させ、陸軍用地を中心に水運と鉄道をつなぐ貨物のターミナルになりました。
このように、この一帯は古くから河川とともに歩んできた地域でした。飯田町遺跡の発掘調査によって、江戸時代初期の堀跡や大規模な盛土による造成工事の様子が明らかになりました。そこには当時の人々の水害を防ぐ努力を見ることができます。
千代田区教育委員会
周辺地図
飯田町遺跡と平川の推定流路
堀跡

春日奥山古事の森

大内宿町並み展示館
（大内宿本陣跡）
大内宿の本陣は会津と奥州街道を結ぶ
会津西街道の拠点のひとつとして江戸時代
の初期に建てられ会津藩の初代藩主・
保科正之、二代藩主・正経が江戸参勤のた
めこの街道を利用し、ここで昼食をとったと
いう記録が残っている。この時の行列の総人
数は約六百人で、宿場内はたいへんなにぎわ
いであったとゆう。
ところで、大内宿は戊辰戦争の舞台とな
ったことから、本陣に関する記録、図面等が
散失しいまだ発見されていない。このため同
じ街道の糸沢宿・川島宿の本陣を参考に設
計し復元されたものである。
本陣には殿様専用の玄関（乗りこみ）・
上段の間・風呂・雪隠があり、茅屋根の
どっしりとした風格とともに当時の面影を
色濃く再現している。
下　郷　町
下郷町教育委員会

旧町名由来案内
下町まちしるべ
旧 浅草《あさくさ》橋《ばし》
浅草橋という町は昭和九年（一九三四）に茅町、上平右衛門町、下平右衛門町、福井町、柳町、新須賀町、新福井町、瓦町、須賀町、猿屋町、向柳原町がひとつになってできた。町名は神田川に架けられた橋の名にちなんでいる。
江戸幕府は、主要交通路の重要な地点に櫓・門・橋などを築き江戸城の警護をした。奥州街道が通るこの地は、浅草観音への道筋にあたることから築かれた門は浅草御門と呼ばれた。また警護の人を配置したことから浅草見附といわれた。
ここ神田川にはじめて橋がかけられたのは寛永十三年（一六三六）のことである。浅草御門前にあったことから浅草御門橋と呼ばれたがいつしか「浅草橋」になった。
台東区

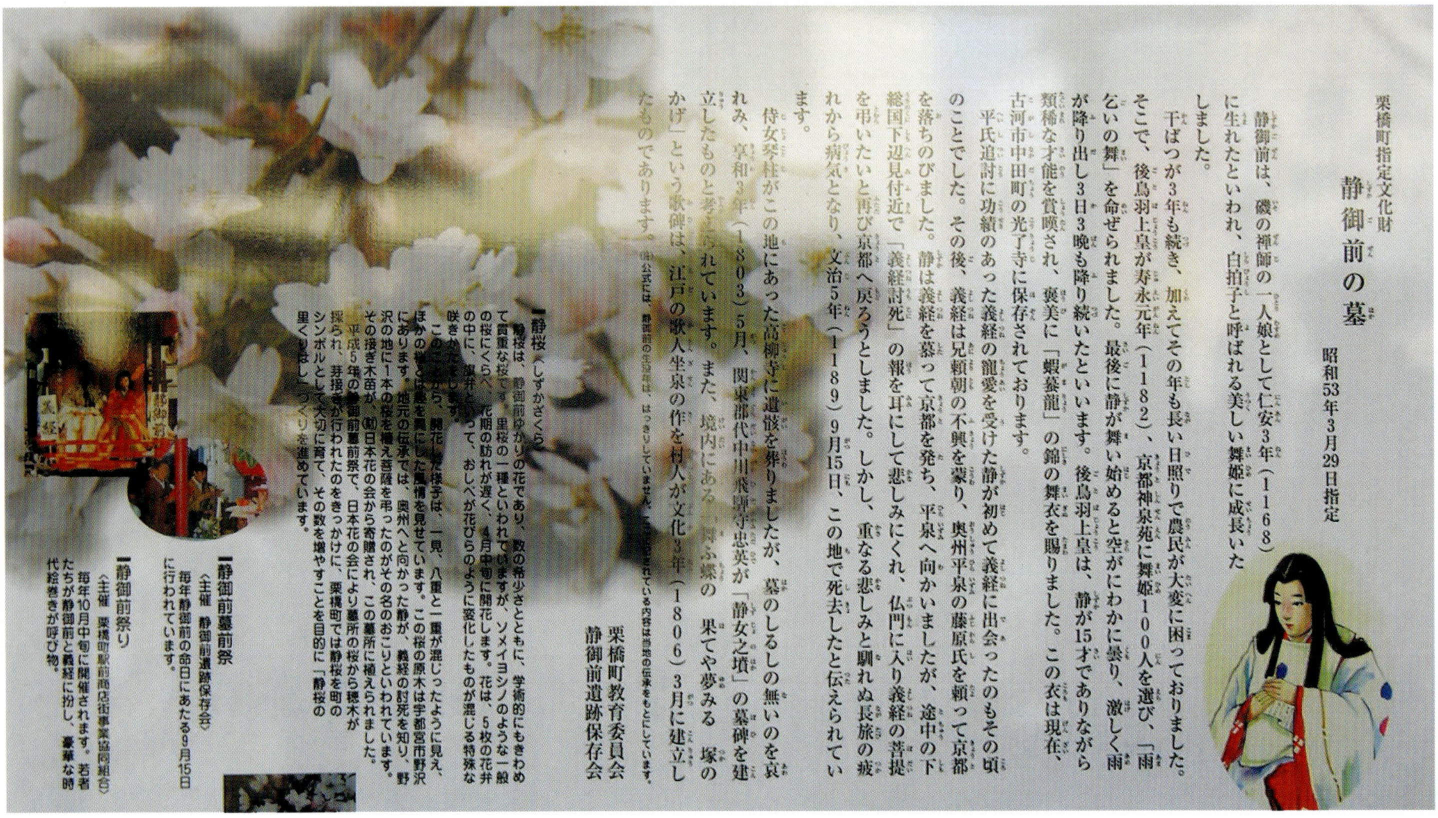
栗橋町指定文化財
静御前の墓
昭和53年3月29日指定
静御前は、磯の禅師の一人娘として仁安3年（1168）に生れたといわれ、白拍子と呼ばれる美しい舞姫に成長いたしました。
干ばつが3年も続き、加えてその年も長い日照りで農民が大変に困っておりました。そこで、後鳥羽上皇が寿永元年（1182）、京都神泉苑に舞姫100人を選び、「雨乞いの舞」を命ぜられました。最後に静が舞い始めると空がにわかに曇り、激しく雨が降り出し3日3晩も降り続いたといいます。後鳥羽上皇は、静が15才でありながら類稀な才能を賞嘆され、褒美に「蝦蟇龍」の錦の舞衣を賜りました。この衣は現在、古河市中田町の光了寺に保存されております。
平氏追討に功績のあった義経の寵愛を受けた静が初めて義経に出会ったのもその頃のことでした。その後、義経は兄頼朝の不興を蒙り、奥州平泉の藤原氏を頼って京都を落ちのびました。静は義経を慕って京都を発ち、平泉へ向かいましたが、途中の下総国下辺見付近で「義経討死」の報を耳にして悲しみにくれ、仏門に入り義経の菩提を弔いたいと再び京都へ戻ろうとしました。しかし、重なる悲しみと馴れぬ長旅の疲れから病気となり、文治5年（1189）9月15日、この地で死去したと伝えられています。
侍女琴柱がこの地にあった高柳寺に遺骸を葬りましたが、墓のしるしの無いのを哀れみ、享和3年（1803）5月、関東郡代中川飛驒守忠英が「静女之墳」の墓碑を建立したものと考えられています。また、境内にある「舞ふ蝶の　果てや夢みる　塚のかげ」という歌碑は、江戸の歌人坐泉の作を村人が文化3年（1806）3月に建立したものであります。
㊟公式には、静御前の生没年は、はっきりしていません。ここに記されている内容は当地の伝承をもとにしています。
栗橋町教育委員会
静御前遺跡保存会
■静桜（しずかざくら）
静桜は、静御前ゆかりの花であり、数の希少さとともに、学術的にもきわめて貴重な桜です。里桜の一種といわれていますが、ソメイヨシノのような一般の桜にくらべ、花期の訪れが遅く、4月中旬に開花します。花は、5枚の花弁の中に、…おしべが花びらのように変化したものが混じる特殊な咲き方をします。
このことから、開花した様子は、一見、八重と一重が混じったように見え、ほかの桜とは趣を異にした風情を見せています。この桜の原木は宇都宮市野沢にあります。地元の伝承では、奥州へと向かった静が、義経の討死を知り、野沢の地に1本の桜を植え菩提を弔ったのがその名のおこりといわれています。
その接ぎ木苗が、㈶日本花の会から寄贈され、この墓所に植えられました。
平成5年の静御前墓前祭で、日本花の会により墓所の桜から穂木が採られ、芽接ぎが行われたのをきっかけに、栗橋町では静桜を町のシンボルとして大切に育て、その数を増やすことを目的に「静桜の里づくり」を進めています。
■静御前墓前祭
〈主催　静御前遺跡保存会〉
毎年静御前の命日にあたる9月15日に行われています。
■静御前祭り
〈主催　栗橋町駅前商店街事業協同組合〉
毎年10月中旬に開催されます。若者たちが静御前と義経に扮し、豪華な時代絵巻きが呼び物。

小野神社
この神社は、延長《えんちょう》五年（九二七）の「延喜式《えんぎしき》」巻《まき》九に「相模《さがみの》国式内社《くにしきないしゃ》の内愛甲郡《あいこうごおり》一座小野神社」と書かれています。
現在の拝殿は、嘉永《かえい》元年（一、八四八）に建てられ、わら葺《ぶき》屋根でありましたが、昭和四十三年に鉄板葺《てっぱんぶき》に替えられました。本殿は拝殿よりも一メートルほど高い地面に神明造り《しんめいづくり》で造られています。「新編相模国風土記稿《しんぺんさがみのくにふどきこう》」に「閑香明神社《かんかみょうじんしゃ》、村の鎮守《ちんじゅ》なり。延喜式に載《の》りし小野神社、当国《とうごく》十三社の一《いつ》にて祭神《さいじん》下春命《したはるのみこと》という」とあります。
明治時代になってから、この神社の祭神には日本武尊《やまとたけるのみこと》も加えられました。それは日本武尊が東国の賊《ぞく》の征伐《せいばつ》に向かった際、野火《のび》の焼きうちの苦難にあうという「古事記《こじき》」の記述の地が「小野」と関係するとして祭神に加えたもののようです。
この神社は、建久《けんきゅう》五年（一、一九四）愛甲三郎によって再興されたとも言われています。愛甲氏の本家の横山氏は、小野《おの》妹子《いもこ》の子孫と伝えられ、愛甲氏の家系の信仰は厚く、特に江戸時代には、愛甲姓の武将《ぶしょう》の参詣《さんけい》が記録されています。
平成十二年三月吉日
厚木・らしさの創造推進事業玉川地区協議会

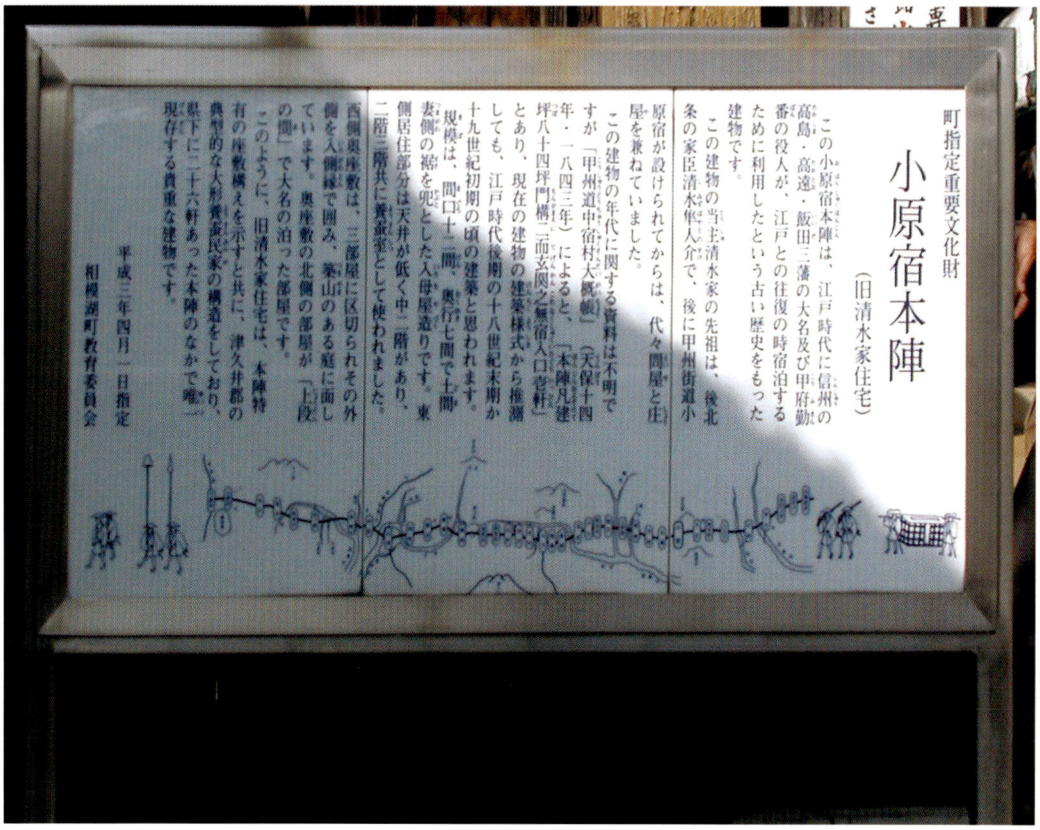
町指定重要文化財
小原宿本陣
（旧清水家住宅）
この小原宿本陣は、江戸時代に信州の高島・高遠・飯田三藩の大名及び甲府勤番の役人が、江戸との往復の時宿泊するために利用したという古い歴史をもった建物です。
この建物の当主清水家の先祖は、後北条の家臣清水隼人介で、後に甲州街道小原宿が設けられてからは、代々問屋と庄屋を兼ねていました。
この建物の年代に関する資料は不明ですが「甲州道中宿村大概帳」（天保十四年・一八四三年）によると、「本陣凡建坪八十四坪門構二而玄関之無宿入口壱軒」とあり、現在の建物の建築様式から推測しても、江戸時代後期の十八世紀末期か十九世紀初期の頃の建築と思われます。
規模は、間口十二間、奥行七間で土間妻側の端を兜とした入母屋造りです。東側居住部分は天井が低く中二階があり、二階三階共に養蚕室として使われました。
西側奥座敷は、三部屋に区切られその外側を入側縁で囲み、築山のある庭に面しています。奥座敷の北側の部屋が「上段の間」で大名の泊った部屋です。
このように、旧清水家住宅は、本陣特有の座敷構えを示すと共に、津久井郡の典型的な大形養蚕民家の構造をしており、県下に二十六軒あった本陣のなかで唯一現存する貴重な建物です。
平成三年四月一日指定
相模湖町教育委員会

栗橋関所跡
埼玉県指定旧跡　昭和三十六年九月一日指定

歴史と文化の散歩道
矢川から多摩川方面を歩くコース
旧甲州街道
この体育館の脇を通っているのが昔の甲州
街道です。江戸時代に幕府が主要な街道とし
て整備した五街道のひとつで、江戸と甲州を
結び、甲州道中ともよばれました。
街道はここで多摩川を渡り、日野の宿場へ
続きます。当時は多摩川に橋がなかったので、
旅人たちは舟や人力で川を渡っていました。
この渡し場は「日野の渡し」ともよばれ、
現在下水処理場脇に記念碑があります。
また、体育館北側の道は拝島方面へ通じる
道で、分岐点には昭
和三十年代まで道標
がありました。現在、
この道標は富士見町
の歴史民俗資料館に
移設されています。
道標があったところ
奥多摩街道
立川市教育委員会
立川市
Tachikawa City

本陣屋敷

55
国登録有形文化財
坂長本店店蔵（旧古河城文庫蔵）・主屋・
袖蔵（旧古河城乾蔵）・
文庫蔵（旧貫蔵）・中蔵・石蔵
平成十二年十一月
古河市教育委員会
坂長本店

日本橋
室町
四丁目
4-10
中央区民文化財
長崎屋跡
平成十四年三月
中央区教育委員会
JR
JR東日本
新日本橋駅
Shin-Nihombashi Station

世界遺産「古都京都の文化財」
（京都市・宇治市・大津市）
World Cultural Heritage Sites
Historic Monuments of Ancient Kyoto
京都市
Kyoto City

KIYOMIZU-DERA (Buddhist Temple)
This temple, which belongs to the Kita Hōso sect was founded by Enchin,the great priest, in the 8th year of Hoki (778A.D.), enshrines in main sanctuary an image of Kannon (God of Mercy) Bosatsu (Bodhi-Sattva).
This buddhist god of mercy and benevolence has been the object of the ardent faith of Japanese people of all classes through the age.
The present structures rebuilt in the 17th century(1633) consist of Romon (two storied gate) Sanjunoto (three storied pagoda), Shoro (belfry), and some others.
The scenery in this temple is so excellent that people come to view it from all over the country especially at the seasons of cherry blossoms in spring and maple leaves in autumn.
FUJICOLOR

URBAN ELEMENT DESIGN

Street Furniture

Street Furniture is equipment on the public roads and open spaces to make these places more comfortable for people. Recently these equipments have become more important elements to produce the city space. Introducing the street furniture which is classified into 18 kinds according to its purpose and element.

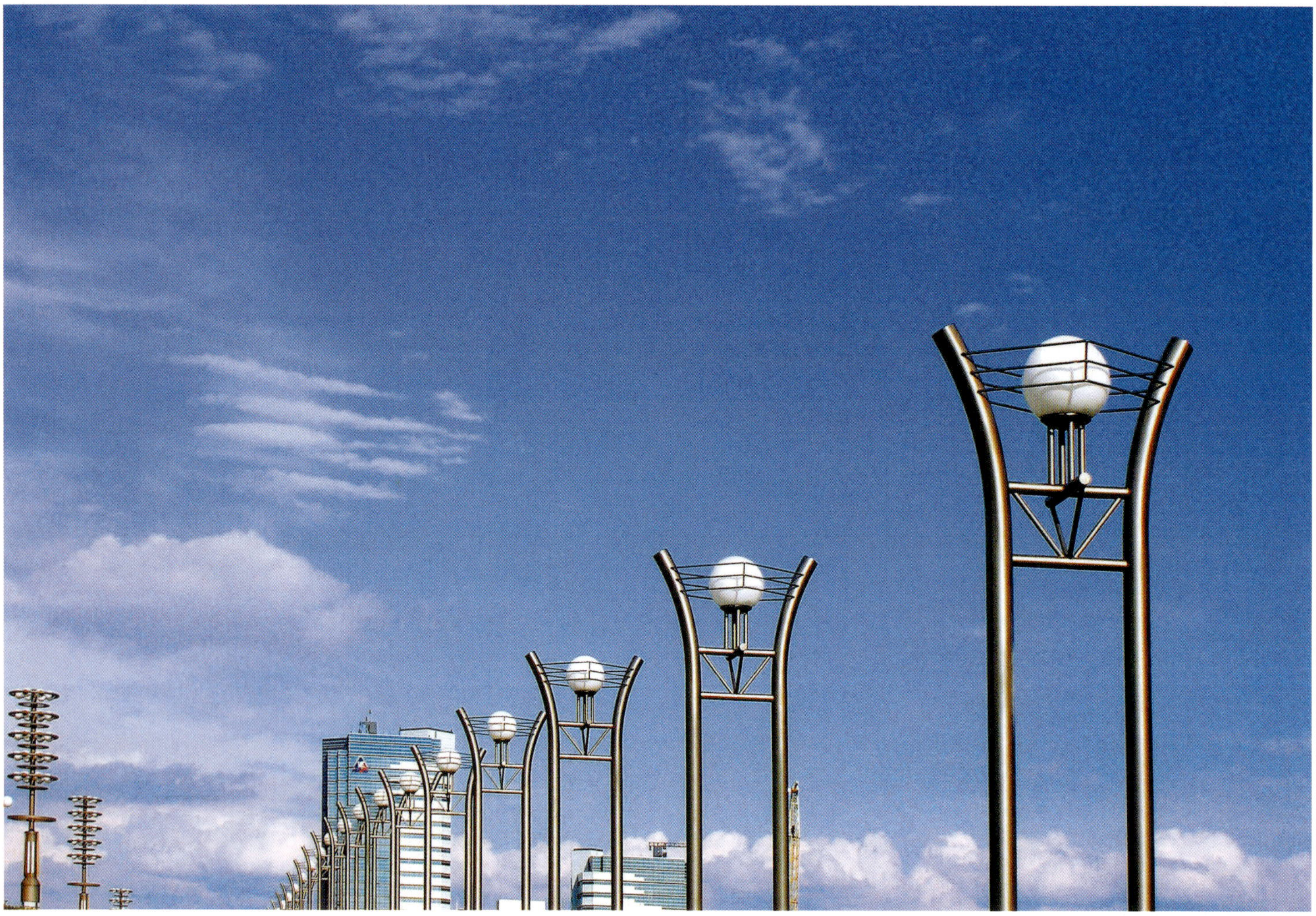

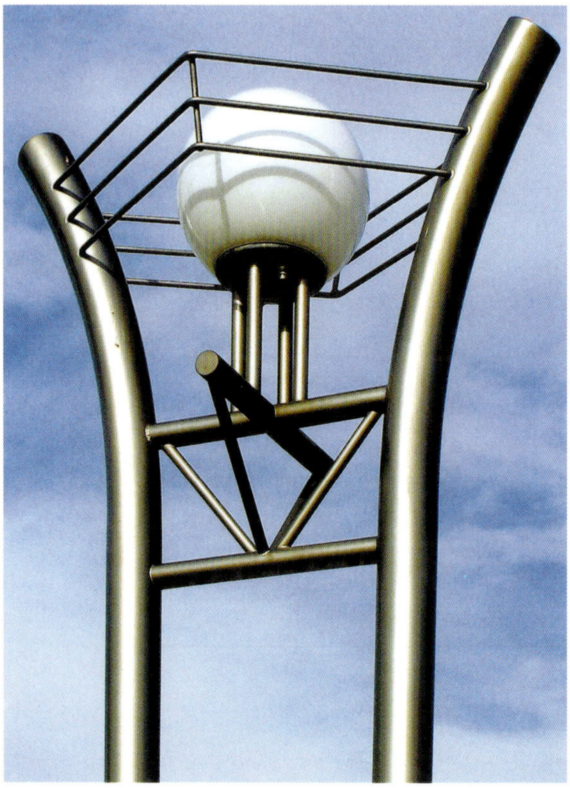

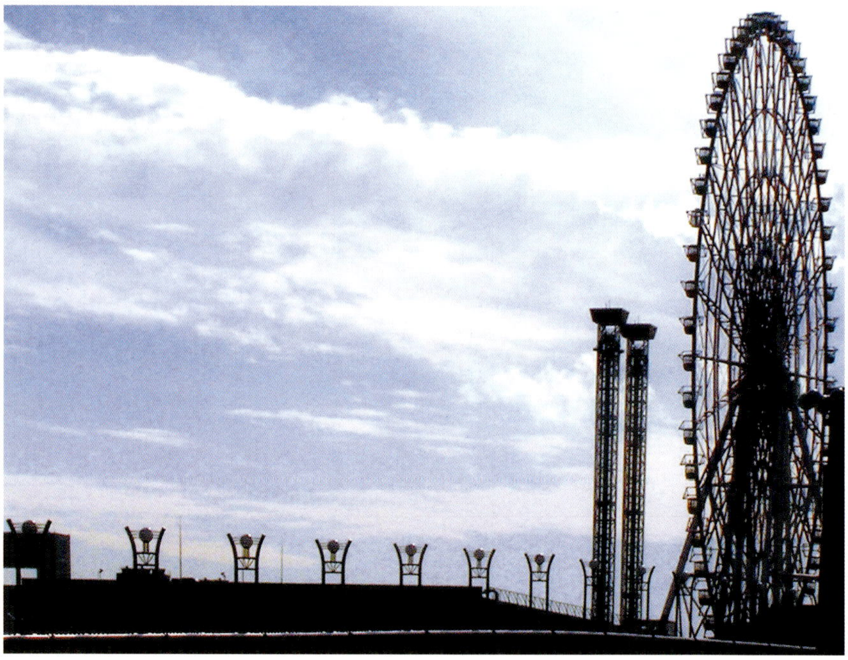

IAI
専門学校 国際インテリアアカデミー

福
井

当ビル4F

Kaiserstraße
69-61
19-15

、楽しく。
ME

OIOI
マルイアウトレットバザール
5F
スーパークリアランスセール2
インザルーム
4F

タイヤリサーチマーテック
交通事故総合分析センター
味

大島 眼
LOS

完備

神小 KIDS
表参道 MUSEUM
WE LOVE OUR

フールブルー
JOY PATIO
ジョイパティオ
コンチネンタル
大感謝セール

商
地蔵通り
商店街

ようこそ
滝野川

交通安全
25

並木通り
2丁目
Chopard
PRINTEMPS
FRÉNÉTIQUE
BRÉSIL

SHISEIDO
NAMIKI-DORI
7
GINZA

50
Marunouchi celebrates
The 78th Annual
Academy Awards
50
Marunouchi celebrates
The 78th Annual
Academy Awards

BROOME STREET
& KENN'S

Ristorante
Biffi Scala

龜屋
茶

京都花燈路

くろちく

OPEN EVERYDAY
from 11:30a.m. to 3:30a.m.
est Gate
権八
KUSHI SOBA
MonSoon

明治安田生命保険相互会社

GRAZIE
GARDENS

都をどり
期間・4月1日→4月30日
於・京都 祇園甲部歌舞練場
075 541-3391
主催／社団法人京都市観光協会・祇園甲部歌舞会
都をどり

都をどり

都をどり
京都の漬物
京町家
川勝總本家
大宮五条上ル

おいしんぼ

CITIZEN
MITSUI BUILDING
DIGITAL HOUSE
Satera
1980年10月

シーアイ・プラザ
北の家族
pote pote
PIZZERIA GHITARO
F.O.B COOP
北の家族

CITIZEN

Chopard
GENEVE
Chopard

SEIKO

TIFFANY & Co.
TIFFANY & CO.

SMBC
SUMITOMO MITSUI BANKING CORPORATION
三井住友銀行
住地総建チーム

The beginning is one Sheet of pictures

老名散歩

Welcome
ViNAWALK
Ebina

FLORÉAL
FLORÉAL

Koog Zaandijk
'Nieuw parfum'
'Nee, nieuw collier'
GOUD
Mode van de juwelier

SPRING

Denny's
RESTAURANT
Denny's
SINCE 1973
デニーズ
Denny's
レストラン
24時間営業
山下公園店
McDonald's
Times
P

KOMATSU
ENOTECA
Lamps

VIE DE FRANCE

Nathan's
TULLY'S COFFEE

ENDO
SHOWROOM AOYAMA
5F Lighting Simulation
4F Furniture & Lighting

POKéMON
Pokémon Center OSAKA

VIE DE FRANCE

caretta
BAR&DIN
NYLON

ESCAFE

贅沢なTw和室・Si六・九三〇円
リバーホテル

箒小僧

憧れの的
くっきりとした

しあわせきん

PROMETHEUS
希望
新日本石油

15 フクロウ

ふくろうの小

天野歯科室
Phone 3348-8552

の内2nd

神

水辺にて

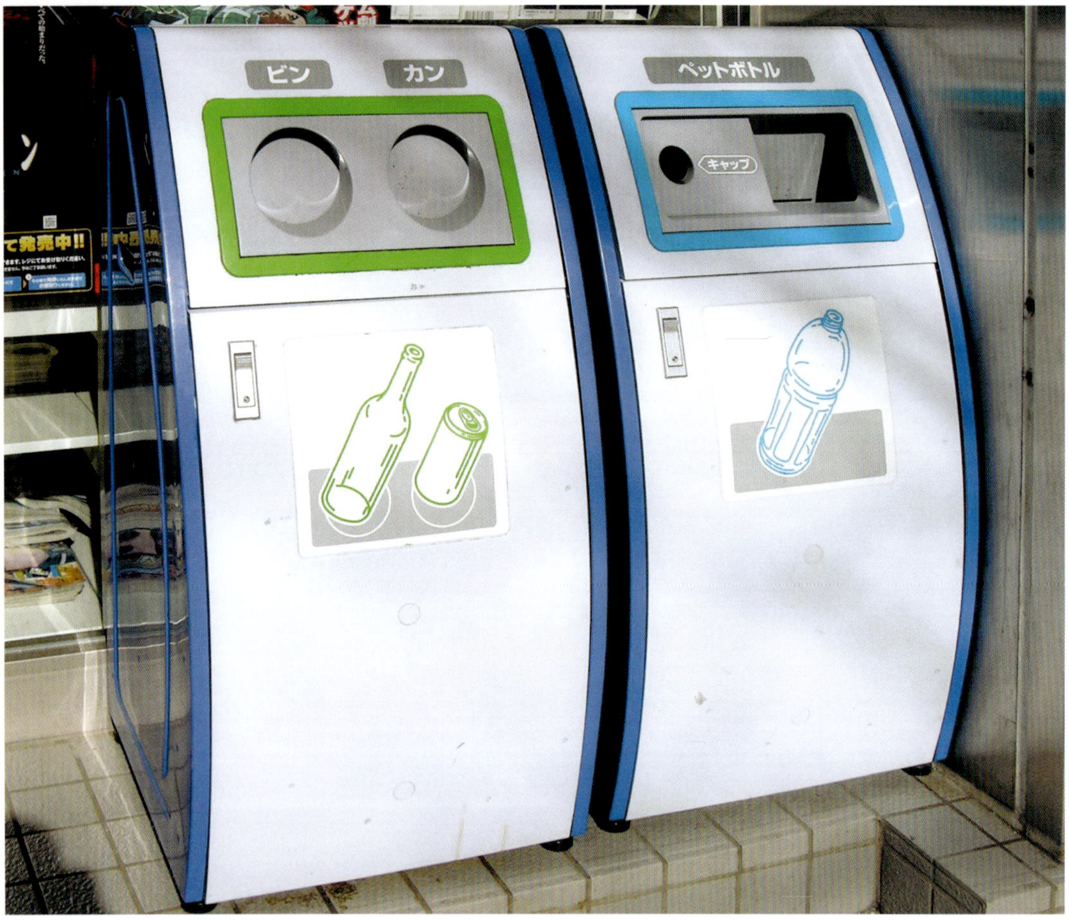
ビン
カン
ペットボトル
キャップ

びん・カン
BOTTLE & CAN
Rambling Terrace
ViNAWALK
Ebina
一般ゴミ
TRASH
Rambling Terrace
ViNAWALK
Ebina

ペットボトル
EMPTY PET. BOTTLE
ビン
BOTTLE
カン
EMPTY CAN
もえるゴミ
COMBUSTIBLES

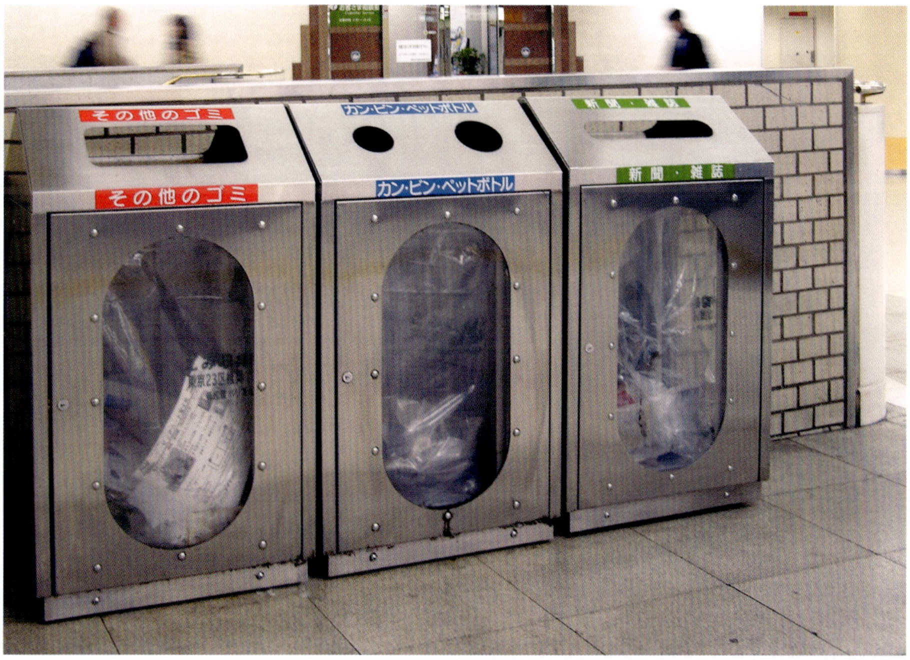
その他のゴミ
その他のゴミ
カン・ビン・ペットボトル
カン・ビン・ペットボトル
新聞・雑誌
新聞・雑誌

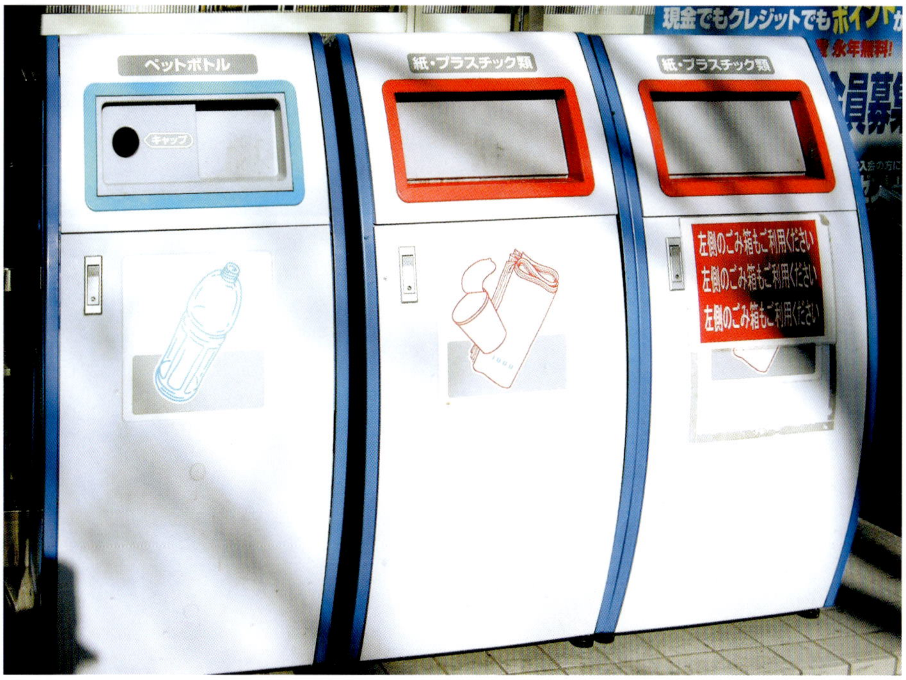
現金でもクレジットでも
ペットボトル
キャップ
紙・プラスチック類
紙・プラスチック類
左側のごみ箱もご利用ください
左側のごみ箱もご利用ください
左側のごみ箱もご利用ください

THANK YOU
おす
THANK YOU
おす

店で好評発売中！
am pm
am pm
可燃物
不燃物
ビン・カン
Bottle & Can
ペットボトル

DUO
NEW
DUSTBOX

SCB

この先に、
広い男子トイレ
があります。
大さん橋ホール
レストラン

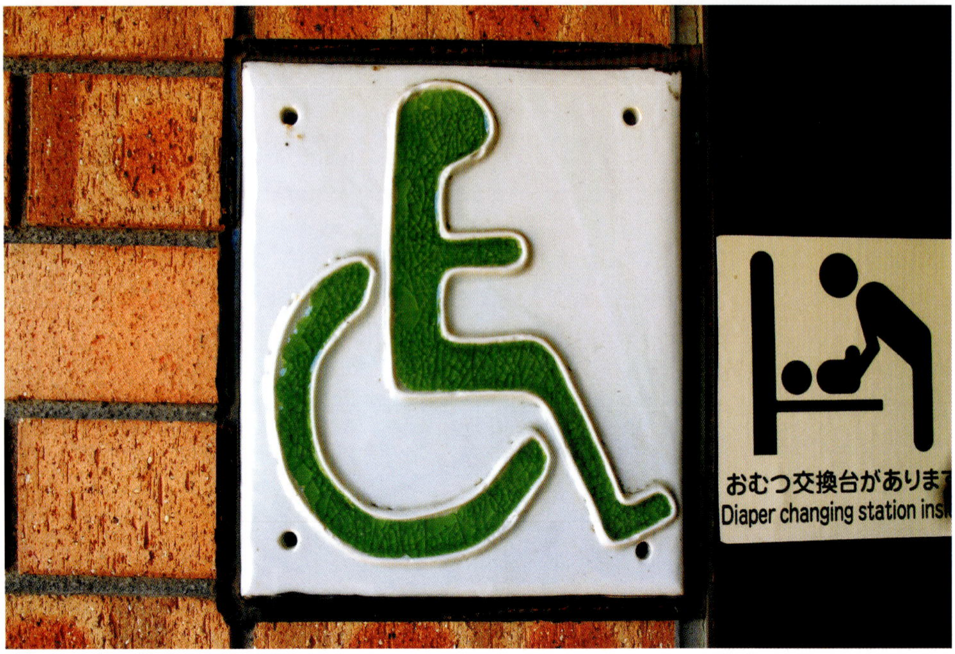
おむつ交換台がありま
Diaper changing station ins

110

FIRE HYDRANT
消火栓
ホース格納箱

放水銃

FIRE HYDRANT
消火栓
SHISEIDO
GINZA TOKYO

FIRE CISTERN
防火水そう

単口
100
消
火
栓

119 FIRE HYDRANT
消火栓
たかさきし

火気に
注意
神奈川県

消火栓
水

SPACE GUAR
自転車·バイク 進入禁止
NO BICYCLES
NO MOTORCYCLES
自転車及びバイクの乗り入れは危険ですので進入を禁止します。
夜間利用禁止
NO ENTRY AT NIGHT
本施設の夜間利用は禁止します。

駐車禁止
駐車ご遠慮ください。
NO PARKING
[redacted]

Lunch
Green
エスプレッソコーヒー
Lunch Green
INFORMATION
自転車を除く
KIRIN

久芳橋

十軒町橋
とりどり

山崎橋

玉川
横断旗入

萬世橋
SEGA
GiGO

TWIN STAR
うしごめばし

Cafe
growna growna
Tokyo
Open Everyday 7:30~22:00
Sat,Sun,Holiday 8:30~22:00
Perrier

LIBERDADE
LIBERDADE
FRENCH TOUCH
KAMAKURA
KAMAKURA

KAGOME
ASCOT
ASCOT PARK

太陽橋

藤澤橋

daiei

lucien
pellat-finet
lucien
pellat-finet

HAPPY BIRTHDAY TO US
BARNEYS
NEW YORK

lucien
pellat-finet
HAPPY BIRTHDAY TO US
15TH ANNIVERSARY IN JAPAN
BARNEYS
NEWYORK

留地区全体平面図
現在位置
汐留地区土地区画整理事業と環

鉄道発祥の地「汐留」明治～昭和初期の風景
⑤汐留駅構内の様子（戦後まもない昭和20年代）
写真位置図

三井
呉服物

だんご

POST

FAMILY GARDEN

あんなか

あんなか

みやま
おすい

中央区
灯

林間
都市

幸手市
集排

おすい

くりはし
おすい

まつだ
おすい

こがし
おすい

桜木町
'90
100年
関内
石川町

しんまち
おすい

合流

流
たかさき

おすい

ちがさき
おすい
T-14

道

YOKOSUKA
合流

木曽街道
蕨之驛
戸田川渡場
渓斎画
中山道六十九宿之内　蕨宿

110

チューリップ

caretta
SHIODOME

富岡新道入口
安中
板鼻
豊岡
高崎
群馬バス
富岡新道入口
行先
板鼻公民館
板鼻
安中宿
安中駅
乗合タクシー

南丹市営バス
のりば
知見口
勝山商店

京阪バス
烏丸五条
367
20t
超

3
玉川学園コミュニティバス
玉川学園一丁目
大人170円 小児90円

走水小学校
堀24 須24
走水神社経由
観音崎
須28
走水神社経由
観音崎自然博物館行
(休日のみ運行)
次は 走水上町
京浜急行バス
禁煙

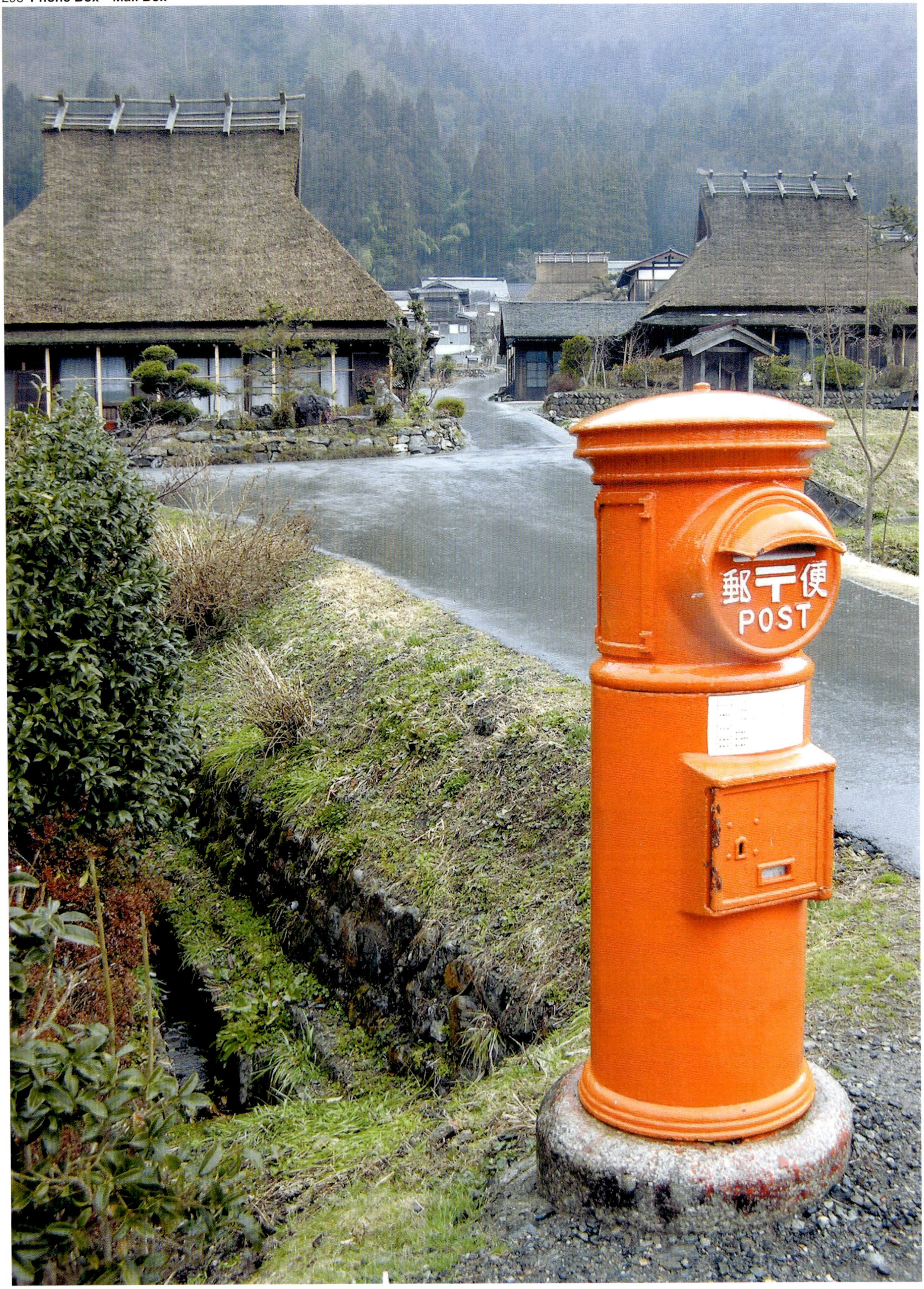
郵〒便
POST

DRINK CORNER
SUNTORY COFFEE BOSS
SUNTORY COFFEE BOSS
喜喜
喜喜
喜喜
SUNTORY COFFEE BOSS
SUNTORY COFFEE BOSS

コインロッカー
Coin Lockers
中型ロッカー
(400円)

浜 銀 行
コーヒーショップ コパドール
生そば
茹でたて
箱根
コインロッカー
コインロッカー
大型ロッカー
箱根美術館
箱根町 強羅
HAKONE MUSEUM OF ART

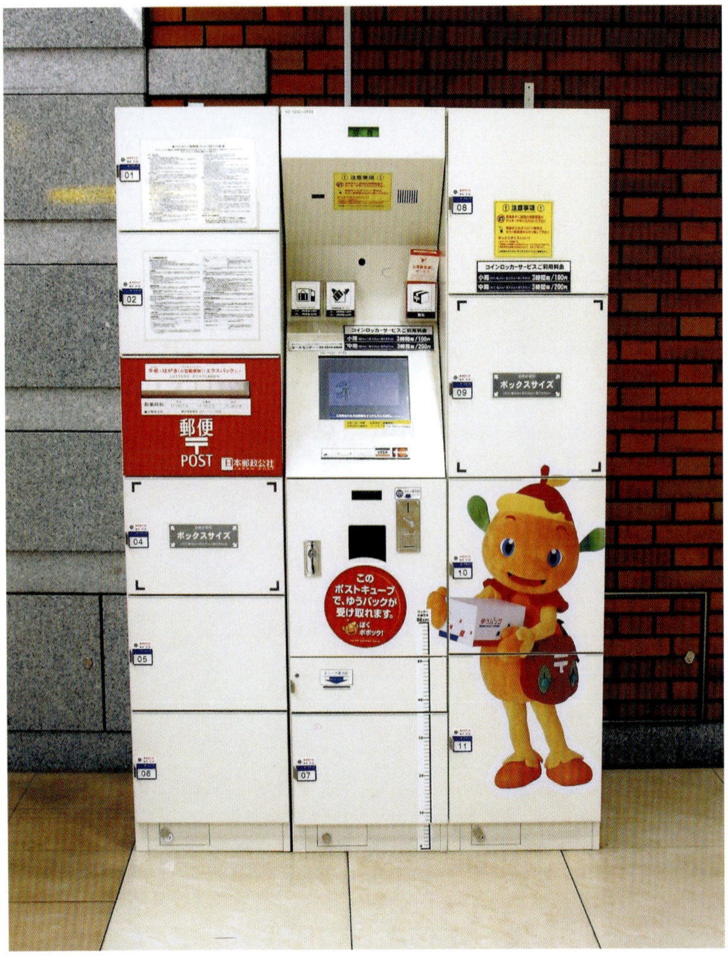
郵便
POST
日本郵政公社
ボックスサイズ
ボックスサイズ
このポストキューブで、ゆうパックが受け取れます。
ぼくポポック!